本书是重庆市教委科学技术研究计划项目"'两点'定位下的重庆智能产业人力资源开发战略研究——基于产业转型升级的视角"（KJQN201901902）、重庆市教育科学"十三五"规划项目"'两点'定位下的重庆智能产业人力资源开发策略研究——基于应用型本科院校的视角"（2019-GX-145）的研究成果

智能产业人力资源开发战略

基于重庆市的研究

HUMAN RESOURCE DEVELOPMENT STRATEGY OF INTELLIGENT INDUSTRY
— A CASE STUDY OF CHONGQING

徐先航　齐　敏　宋廷昌 ◎ 著

经济管理出版社
ECONOMY & MANAGEMENT PUBLISHING HOUSE

图书在版编目（CIP）数据

智能产业人力资源开发战略：基于重庆市的研究/徐先航，齐敏，宋廷昌著．—北京：经济管理出版社，2021.2

ISBN 978-7-5096-7778-0

Ⅰ.①智… Ⅱ.①徐… ②齐… ③宋… Ⅲ.①人工智能—高技术产业—人力资源开发—研究—重庆 Ⅳ.①F279.244.4

中国版本图书馆 CIP 数据核字(2021)第 031095 号

组稿编辑：郭　飞
责任编辑：曹　靖　郭　飞
责任印制：黄章平
责任校对：陈晓霞

出版发行：经济管理出版社
（北京市海淀区北蜂窝 8 号中雅大厦 A 座 11 层　100038）
网　　址：www.E-mp.com.cn
电　　话：（010）51915602
印　　刷：唐山昊达印刷有限公司
经　　销：新华书店
开　　本：720mm×1000mm/16
印　　张：12.75
字　　数：201 千字
版　　次：2021 年 2 月第 1 版　　2021 年 2 月第 1 次印刷
书　　号：ISBN 978-7-5096-7778-0
定　　价：88.00 元

前　言

当前，我国经济已由高速增长阶段转向高质量发展阶段，正处在转变发展方式、优化经济结构、转换增长动力的攻关期。与此同时，面临各种复杂的国内外形势，高质量发展之路困难重重。对我国而言，要实现经济高质量发展，产业高质量发展是重点，需要借助产业转型升级构筑现代产业体系，真正实现经济增长方式转换、打造经济增长新引擎。近年来，新一轮科技革命和产业变革蓬勃推进，人工智能不断重塑全球产业格局，对经济发展、社会进步、全球治理等方面产生了重大而深远的影响，智能产业已成为各国经济发展和产业布局的重要战略。我国各级政府也高度重视智能产业发展，并将其作为实现区域产业升级、构筑现代产业体系的重要方向。知识经济时代，创新成为经济增长的动力源泉，人力资源作为创新活动中最活跃、最积极的因素，更是产业发展的基石，日益成为衡量一国未来提升综合国力的关键，被越来越多的国家视为核心竞争力。在新形势下，我国经济要实现高质量发展，方向在智能产业，重点在智能产业的人力资源开发。只有以人力资源作为第一资源，加快智能产业人力资源开发才能充分挖掘人力资本潜能，更好地推进智能产业发展，持续提升智能产业的发展质量和效益，最终实现我国经济的高质量发展。

本书基于高质量发展背景，从人力资源促进智能产业发展角度出发，在回顾国内外人力资源开发战略相关研究的基础上，首先，对人力资本、人力资源开发、人力资源开发与经济增长、人力资源开发与产业转型升级、人力资源开发与高等教育等相关理论基础进行梳理，并对智能产业概念及分类进行界定。

其次，对美国、日本、德国、印度4个国家的人力资源现状及人力资源开发特点进行分析，总结其人力资源开发经验，为研究制定智能产业人力资源开发战略奠定理论基础。再次，以重庆智能产业为例，深入分析重庆智能产业发展情况和人力资源开发现状，并通过搭建计量模型，对北京、天津、上海、江苏、浙江、广东、四川、陕西和重庆9个省市的智能产业人力资源开发度进行实证分析和比较，多维度剖析当前制约重庆智能产业发展的人力资源"瓶颈"问题及成因。最后，从政府、产业和高校角度，探讨不同人力资源开发主体如何通力合作，共同构建符合重庆智能产业发展需要的人力资源开发战略。

本书的写作由徐先航（重庆工程学院）、齐敏（天津天狮学院）和宋廷昌（重庆工程学院）共同完成，其中，徐先航执笔的内容为第四章、第五章、第六章、第七章及使用到的参考文献；齐敏执笔的内容为第一章、第二章及使用到的参考文献；宋廷昌执笔的内容为第三章及使用到的参考文献。

本书系重庆市教委科学技术研究计划项目"'两点'定位下的重庆智能产业人力资源开发战略研究——基于产业转型升级的视角"（KJQN201901902）、重庆市教育科学"十三五"规划项目重点课题"'两点'定位下的重庆智能产业人力资源开发策略研究——基于应用型本科院校的视角"（2019-GX-145）、重庆市教委人文社会科学研究项目"基于高质量发展和协同理论的重庆智能产业竞争力提升策略研究"（20SKGH276）和重庆工程学院人力资源管理专业建设项目（ZD201902）的研究成果，在成稿过程中得到了项目组成员的大力支持，在此对各位表示衷心的感谢！

由于水平有限，且通过公开渠道能获得的智能产业数据资料有限，错误及不当之处在所难免，敬请广大读者指正。

目 录

第一章　导　论

第一节　研究背景与选题意义

一、研究背景

党的十九大报告指出“我国经济已由高速增长阶段转向高质量发展阶段”，这是党中央根据我国所处发展阶段和国内外环境变化做出的科学论断。高质量发展理念将成为指引我国当前和今后一个时期内经济和产业发展的重要依据。当前，我国面临各种复杂的国内外形势，高质量发展之路困难重重。对我国而言，要实现经济高质量发展，产业高质量发展是重点，需要借助产业升级促成经济结构优化，加快构筑现代产业体系，真正实现经济增长方式转换、打造经济增长新引擎。

近年来，在人工智能驱动下，以数字化、网络化、智能化为特征的新一轮科技革命和产业变革席卷全球，不断重塑全球产业格局。智能产业已对全球经济、国际关系、国家安全等多方面产生了重要影响，成为各国经济发展和产业布局的新方向，世界各国都把人工智能作为决胜未来的核心技术和战略进行部署，我国各级政府也高度重视人工智能发展，将其作为国家、地方战略进行规划和实施，并从国家层面支持行业企业、高等学校加强相关学科建设和人力资源开发。智能产业不仅包括以人工智能、大数据技术为产出的产业，而且包括以相关技术为基础进行智能产品设计及制造的产业，是典型的新兴产业，发展前景广阔，已成为真正拉动经济发展的重要引擎，将是各地产业高质量发展的重要方向。

在知识经济时代，创新成为经济增长的动力源泉，人力资源作为创新活动中最为活跃、最为积极的因素，更是产业发展的基石，日益成为衡量一国未来综合国力的关键，被越来越多的国家视为核心竞争力。在新形势下，我国经济要实现高质量发展，方向在智能产业，重点在智能产业的人力资源开发。只有以人力资源作为第一资源，加快智能产业人力资源开发，才能充分挖掘人力资本潜能，更好地推进智能产业发展，持续提升智能产业的发展质量和效益，最终实现我国经济的全面繁荣和高质量发展。

二、选题意义

（一）理论意义

党的十九大之后，我国学者对高质量发展的研究逐渐深入，对其内涵的理论阐述不断完善。高质量发展宏观层面指转变发展方式，实现经济稳定增长；中观层面指持续实现产业转型升级和布局优化，建立现代产业体系；微观层面涉及企业具有一流竞争力、持续创新力和品牌影响力等内容。本书基于高质量发展背景，从人力资源促进智能产业发展角度出发，以重庆为例，分析重庆智能产业和人力资源发展现状，剖析制约重庆智能产业发展的人力资源“瓶颈”问题，并从政府、产业、企业及高校角度，构建符合重庆智能产业发展需要的人力资源开发战略，在宏观、中观和微观层面都具有理论意义。

从宏观层面来看，以人力资源开发促进产业转型升级和智能产业发展为出发点，是对区域经济与人力资源管理学科理论的补充与深化，可进一步丰富经济增长、人力资源开发、人才竞争力等理论，为相互间的关系研究增添一手资料和实证数据，促进经济学、管理学、政治学等学科的跨学科融合，具有一定的理论价值。

从中观层面来看，从产业层面深入考察智能产业和人力资源发展现状，制定出促进产业转型升级和智能产业持续发展的人力资源开发战略和实施路径，有助于扎实推进创新驱动发展战略，实施科教兴国和人才强国战略，进一步验证高质量发展理论在中观层面的指导作用。

从微观层面来看，基于企业、高校的双重视角，从企业和高教领域探讨智能产业人力资源开发，不但丰富了相关研究，还总结了产教融合经验，加快高端应用型人才培养，有助于增强企业综合能力，提升高校教学质量和就业质量，操作性强。

（二）现实意义

1. 符合国家、地方发展战略要求，具有现实意义

党的十九大报告中多次提到互联网和人工智能，随着《新一代人工智能发展规划》和《关于促进人工智能和实体经济深度融合的指导意见》等文件的相继发布，标志着我国已将发展人工智能上升为国家意志。各省市积极落实国家智能产业发展战略，纷纷出台相应政策，比如，《安徽省支持数字经济发展若干政策》《成都市加快人工智能产业发展推进方案（2019－2022年）》《浙江省促进新一代人工智能发展行动计划（2019－2022年）》等，这些政策及计划的提出与实施，显示出智能产业对区域经济、产业发展的重要性。本书以重庆为例，探索智能产业人力资源开发路径，能为各级政府部门提供决策参考，是落实党的十九大精神和国家、地方战略的创新实践。

2. 人力资源开发对产业转型升级有保障和促进作用

加快产业结构调整是当前我国经济发展的必然选择，而合理的人力资源结构是产业结构调整最根本的保障。近年来，各地出台了一系列推进制造业高质量发展和传统产业转型升级的行动方案和实施意见，比如，《湖北省关于加快推进传统产业改造升级的若干意见》《四川省关于推动制造业高质量发展的意见》《江苏省推动高质量发展的实施意见》等。在这些文件里，基本上都提到了智能产业、人力资源对产业升级的保障作用等内容。可见，研究智能产业人力资源开发战略，将有助于推动区域产业的转型升级，具有现实意义。

3. 符合国家产教融合和教育教改方向，推进人力资源供给侧结构性改革

基于人力资本和产业转型升级背景讨论高等院校参与智能产业人力资源开

发的路径，符合《国家中长期教育教改和发展规划纲要（2010－2020 年）》和《国家产教融合建设试点实施方案》要求，可将研究成果应用到产教融合和高等教育领域，有助于实现教育、人才、产业等资源的有机融合和相互协同，实现高校与社会资源深度合作与共享，进一步深化产教融合，有效推进人才培养改革、探索体制机制创新，加快推进人力资源供给侧结构性改革。

第二节　国内外研究现状

人力资源开发战略也称为人力资源发展战略，是一种旨在提升人力资源管理质量的管理战略和活动，通过对“人”这一独特资源进行挖掘、培育和强化，回归其自身的财富创造价值，使之为国家、社会、组织和个人产生重大效益。研究智能产业人力资源开发战略，重点是衡量人力资源的开发程度、厘清人力资本与产业间的关系，找到人力资源开发的方法和路径。因此，相关的研究归集起来主要包括人力资本与经济增长、人力资源开发与产业转型升级、人力资源开发度、人力资源开发战略等内容。

一、国外相关研究现状

（一）人力资本与经济增长

人力资本理论作为人力资源开发的理论基础，指导着国家、产业人力资源开发战略的制定和实施。20 世纪 60 年代，西方经济学家 Schultz（1961）因探索经济增长而开始对人力资本的研究，率先提出了人力资本概念。自此，人力资本理论逐渐融入西方主流。Romer（1986）提出专业化人力资本是保证经济长期持续增长的主要因素。Lucas（1988）进一步指明了人力资源在经济增长中的重要地位和“引擎”作用。Romer 和 Lucas 的研究打破了新古典经济学外生经济增长模型的局限性，提出了内生性经济增长模型。此后，众多学者采用各种计量模型，分析和验证了不同国家或地区的人力资本与经济增长间的关系。Krueger 和 Mikael（2001）对发展中国家和发达国家的面板数据进行分析，证明经济增长与人力资本之间存在明显关系。Vandenbussche 等（2006）运用模型考察了 19 个 OECD 国家人力资本对经济技术进步的贡献，得出国家离技术前沿越近，人力资本对经济增长的影响越大。Fleisher 等（2010）通过跨省和跨国研究，发现中国的人力资本对产出和生产率增长有积极影响，在欠发达地区进行人力资本投资有助于缩小区域不平衡。Jan 等（2014）借助模型对欧盟国家进行分析，发现人力资本对大城市群的经济增长有积极影响，但对失业有消极影响。Elena（2015）利用欧盟 20 国面板数据进行分析后发现，人力资本和教育对经济增长具有正向影响。Ogundari 和 Awokuse（2018）采用系统广义矩量法（SGMM）动态模型分析了 35 个国家的平衡面板数据，结果表明人力资本对经济增长有正向影响。

（二）人力资源开发与产业转型升级

在产业转型升级方面，学术界研究成果已较为丰富。产业升级是一个提高经济体或企业能力的过程，使其能转移到具有更高利润或更先进技术的经济领域（Gereffi，1999）。研究产业层面的人力资源开发，重点是研究人力资源开发与产业转型升级间的关系。进入 21 世纪后，随着第三次工业革命的不断深入和人力资源管理学科的发展，学术界结合产业升级对人力资源开发的研究也逐渐深入。Ardichvili 和 Gasparishvili（2001）以俄罗斯银行业为例，探索了行业转型过程中的人力资源开发。Hausmann（2007）将人力资源开发视为产业转型升级的基石。Ahmeti（2015）运用适配度模型以东欧国家为例进行分析，指出发展中国家应通过完善教育体系、加强培训和发展活动等方式加快人力资源开发，以应对全球化和产业转型带来的挑战。Rasa 等（2016）通过对欧盟 26 个国家的人力资本进行测度，结果表明，人力资源的质量开发是创新绩效的最重要因素，对产业升级具有明显影响。Riley（2017）认为人力成本上升可促使企业由减少员工转向开发员工的生产力，进而促进企业技术进步和产业升级。Harris 和 Wright（2019）借助人力资本行为模型分析了人力资本、社会资本、协调和绩效之间的相互关系，证实了人力资源开发对产业升级的积极作用。

（三）人力资源开发度

人力资源开发程度是指对人力资源的开发程度或水平的综合评价，这种评价既可以针对某个区域，也可以针对某个产业。人力资源开发度的评价内容十分丰富，涵盖了人才的吸引力、素质、能力、活力和潜力等人才竞争力的本质属性。因此，对人力资源开发度或人力资源开发水平的评价其本质是对人才竞争力的综合考量。国外对人才评价在商业和企业方面的应用居多，其评价指标和内容与我国有一定差异。国外人才竞争力的评价指标最早由瑞士国际管理发展学院（IMD）于2000年在《世界国家竞争力年鉴》中提出，他们的人才竞争力指标主要包括人力资源的数量、结构和质量等维度。当前，国际上最具影响力的评价指标体系是欧洲工商管理学院（INSEAD）每年发布的《全球人才竞争力指数报告》，主要从人才的投入和产出两个方面构建评价指标体系对各国的人才竞争力情况进行分析。其他一些机构和学者也构建了评价指标对人才竞争力进行测度和评价。美国密歇根州政府在2008年从地区、国家和国际三个层次对当地的人才竞争力进行了测评。Scullion等（2008）从产业、政策和环境等方面构建了人才竞争力评价指标体系。Anca等（2014）借助INSEAD的评价指标实证分析了罗马尼亚的人才竞争力。

（四）人力资源开发战略

国外对人力资源开发的研究兴起于20世纪六七十年代，Harbison和Myers（1964）首次提出人力资源开发这一术语，他们将其视为社会中一个提高所有人知识、技能和能力的过程，并从经济学角度将其描述为人力资本的积累及对经济发展的有效投资。随后，Nadler（1970）系统提出了人力资源开发框架，将人力资源开发定义为使整个人、身体、心灵和精神有目的地发展的过程，既包括组织活动，也包括个人主动学习。人力资源开发概念提出后，“人”这种特殊资源为经济运行和经济管理产生了巨大效益。早期的人力资源开发战略多是针对单个组织或个人发展而制定的，属于微观人力资源开发战略。在20世纪80年代后期，Romer和Lucas的“新增长理论”提出后，大量实证研究证明人力资本是经济增长的源泉，宏观人力资源开发的收益逐渐体现，一些发达国家开始对人力资源开发与管理进行科学规划，从国家或区域层面制定人力资源开发战略，如美国纽约州 2000 年制定的《未来 5 年的人力资源战略规划》和加拿大《渥太华 2020 年人才规划》等，相关学者也开始基于国家研究人力资源开发战略。Kuchinke（2003）通过对英国和美国人力资源开发现状的比较，指出了两国在内容和结构上的实质性差异，为人力资源开发的进一步研究提供了指导。Quintanilla（2009）分析了西班牙人力资源战略管理的演变，提出了国家人力资源开发策略。这些规划和研究极大地促进了发达国家的社会发展和经济腾飞。近年来，随着发展中国家的加速崛起，国外对各新兴经济体的关注逐渐增多，研究也深入到产业层面。Phichak（2014）在对泰国 5 家汽车制造商进行调查的基础上，通过定性分析提出了新能源汽车行业人力资源开发战略。Aryanto（2015）基于印度尼西亚软件产业，探讨人力资源开发战略实践与创新绩效间的正向关系。Jain 等（2018）以印度最大运营商巴蒂电信为主要对象进行实证研究，提出了印度电信业的人力资源开发战略，包括工作生活质量和福利措施、组织发展、培训和发展、参与式管理、绩效管理和奖励等。Agus 和 Yosephine（2018）借助软系统方法进行分析，提出了印度蜡染产业人力资源开发战略模型。

二、国内相关研究现状

（一）人力资本与经济增长

随着西方人力资本理论传入中国，我国学者对人力资本的作用逐渐重视，自 20 世纪 90 年代起，众多学者借鉴国外经济模型对我国经济高速增长现象进行了专题探讨和研究。王金营（2001）借鉴生产函数模型实证分析了中印两国人力资本对经济增长的作用。胡永远（2003）基于新古典生产函数构建模型，测度了人力资本存量和变量对我国产出增长的贡献率。杨俊等（2005）通过对 20 个省份的数据分析发现，人力资本积累对我国经济增长正向影响明显，发展全民素质教育能在促进经济增长的同时缩小收入分配差距。黄健柏等（2009）运用因果关系检验法、杜伟等（2014）采用生产函数模型检验我国人力资本对经济增长的作用，均发现存在地区差异。逯进和苏妍（2017）从脑力素质和身体素质两方面构建人力资本指标体系，采用可加模型分析了我国东部、中部、西部人力资本对经济增长的影响，结果显示三大区域趋势大体相同。胡海洋和姚晨（2018）基于省级面板数据构建内生增长模型进行分析，发现人力资本对经济增长的促进作用比聚集经济更显著，说明我国已开始从人口红利转向了人才红利。安超和雷明（2019）在研究人力资本与经济增长两者关系基础上，将碳排放引入内生增长模型，分析三者的关系，结果表明减少碳排放会造成经济增速放缓，因此应加强人力资本培养，实现经济增长和二氧化碳减排的双重目标。

（二）人力资源开发与产业转型升级

进入21世纪后，国内学者对产业升级的研究逐渐丰富。近年来，国内学者在研究产业转型升级影响因素时，也开始聚焦于人力资本，运用各种计量模型验证和分析人力资源开发对产业升级的影响程度。官华平和谌新民（2011）运用Mincer模型测度了珠三角人力资本与产业升级的匹配度及作用程度。唐辉亮（2014）借助数理模型检验了产业升级受人力资本结构的影响程度。马小强（2015）通过分位数回归和反事实分解法，从人力资本构成和整体质量两方面分析了不同地区人力资本与产业转型升级的契合性。扶涛（2016）借助适配度评价模型对我国产业结构转型升级与人力资源开发的关系进行了分析，得出两者存在交互影响，匹配度不断提升。郑玉（2017）借助Getis空间过滤模型、陈恩和李卫卫（2017）采用Granger因果检验法、陈朝阳等（2019）运用空间杜宾模型分别分析了不同地区人力资本对产业转型升级的影响和贡献，均发现存在持续的正向效应，且有明显地区差异。

（三）人力资源开发度

国内学者对人力资源开发度的衡量大多通过人才竞争力来评价，相关的研究成果不多，构建的指标体系与国外有一定差异，评价的维度和指标更加多元化，研究的重点在于评价方法的选择和指标体系的构建。基于对人才竞争力本质属性的理解，学者采用多种方法从不同维度构建评价指标体系，对国家、区域和产业的人才竞争力进行了研究。郭跃进等（2014）从人才的投入、产出和环境3个维度构建评价指标体系，对全国各省市自治区的科技人才竞争力进行综合评价。刘泽双等（2014）从资源、环境和人才发展3个维度构建评价指标，运用三角模糊数网络分析法对关天经济区人才竞争力进行了评价。林喜庆等（2015）基于竞争力的运动过程构建评价指标体系，运用 AHP 法对我国北京、天津、上海、重庆 4 个直辖市的科技人才竞争力进行了分析。张熠等（2016）基于人才可持续发展的视角构建评价指标体系，并综合应用 AHP 法和灰色关联分析法对湖北省科技创新人才开发水平进行了测度。司江伟等（2017）从人才的规模、结构、投入、产出和支持 5 个维度构建评价指标体系，对山东省人才竞争力进行了测度，并分析了人才发展与经济社会发展的关联性。赵紫燕等（2017）基于省市层面，从人才的数量、效能和环境等维度构建评价指标体系，对我国 31 个省份的人才竞争力进行了评价与比较。刘佐菁（2018）等结合科技人才的特点构建评价指标体系，并运用 PCA 分析法对我国各省份的科技人才竞争力进行了实证分析。王迎冬等（2019）从人才的数量、效能、支持和环境等维度构建评价指标体系对苏北地区人才竞争力进行了实证分析。

（四）人力资源开发战略

与国外的情况略有不同，我国对人力资源开发战略的研究主要集中在宏观层面和中观层面，微观层面的人力资源开发战略则以人力资源管理活动或策略的形式体现。1990 年，原国家人事部人才研究所联合 10 多个部委组织召开中国人力资源开发战略研讨会，揭开了国内学者对人力资源开发战略研究的序幕。此后，众多学者结合我国国情从不同角度对人力资源开发战略进行了研究。早期主要从宏观层面对国家人力资源开发战略进行研究。鄂万友（1989）是国内较早提出宏观人力资源开发概念的学者，他将对人力群体的开发归为宏观人力资源开发。朱序生等（1992）基于对中国人力资源开发利用现状的分析，提出在整个经济社会科技发展战略中，应以人力资源的开发和利用为核心。赵曙明和王戈（1996）从政府和企业角度总结了新加坡的开发经验。萧鸣政和饶伟国（2006）认为我国政府应以人力资本理论为基础制定人力资源开发战略。近 10 年来，国内学者对人力资源开发战略的研究开始聚焦于中观层面。一是对区域人力资源开发战略的研究，涉及不同城市和地区。姚丽霞和房国忠（2012）基于对东北地区独具特色的地域文化和老工业基地特殊身份的考虑，提出东北地区的人力资源开发应采取“结构调整战略”。孔维新（2015）提出资源型城市转型期的人力资源开发战略。潘明明等（2016）借助熵权 TOPSIS 法对南疆三地州人力资源开发成效和影响因素进行研究，提出从观念转变、教育性开发、迁移性开发、制度性开发等方面实施西部民族地区人力资源开发战略。随着乡村振兴战略及“一带一路”倡议的深入推进，与之相关的人力资源开发战略也逐渐丰富。王剑等（2018）基于西安等十个城市，研究了如何部署“一带一路”经济带的人力资源开发战略。杨丽丽（2019）认为农村人力资源开发体系应涵盖德能、意能、知识、技能、健康、体能等内容。姜友文和卢丽娟（2019）认为贵州乌蒙山地区人力资源开发战略既包括价值观和态度的“志”开发，也包括知识、技能、管理的“智”开发。二是对产业人力资源开发战略的研究，主要针对新兴产业。熊斌和葛玉辉（2010）以战略性新兴产业为例，在分析产业人力资源开发现状及存在问题的基础上，提出优化人才结构、深化“产学研”合作等科技人力资源开发战略。顾玲妹（2013）基于对浙江服务外包产业升级过程中的人才需求特征进行分析，提出从学历教育、培训、海外引智等方面制定服务外包产业人力资源开发战略。李彦华等（2018）借助 GBP - Bagging 模型对山西战略性新兴产业人力资源需求进行预测，提出了健全引进机制、把控人才质量和加强人才交流等开发战略。

三、文献述评

通过上文的研究回顾可以看出：国内外学者从不同角度对人力资源开发度进行了研究，设计了多种评价体系，虽然并未形成统一意见，但也在一定程度上完善了人力资源开发领域的理论；对人力资源开发度的研究成果并不多，主要集中在对国家、区域和科技人才竞争力的评价方面，提出的研究方法和评价体系各不相同，且国内与国外存在一定差异；对宏观层面和中观层面人力资源开发战略的研究也取得了一定进展，宏观层面借助各种计量模型验证和测度了人力资本与经济增长间的相互关系和影响，中观层面也结合不同产业对人力资本与产业转型升级进行了定性和定量的分析。总体来说，现有研究在一定程度上完善了人力资源开发领域的理论体系，但研究方向还不够聚焦，并未形成广泛认同的理论流派，相对于快速发展的人力资源开发实践来说，理论研究显得较为滞后。因此，学界需要继续进行探索，可对以下几个方面予以关注。

第一，完善人才竞争力评价方法和指标体系。在借鉴国内外理论模型的基础上，结合产业特点和分析目标，引入更有效的计量方法、改进理论模型和评价方法，设计更加科学的产业人才竞争力分析方法。同时，认真剖析中国独特的制度和文化，加强现有人才竞争力评价指标体系的系统性、全面性和科学性，提出更加符合产业需求的人才竞争力评价框架，进一步丰富人力资源开发内涵及理论框架，为地方产业发展和人才强国战略提供理论支撑。

第二，完善人才竞争力的评价方法和指标体系。结合人才竞争力分析目标，认真剖析产业特点，加强现有人才竞争力评价指标体系的系统性、全面性和科学性，提出更加符合产业需求的人才竞争力评价框架，并同步引入更有效的计量方法，改进理论模型和评价方法，设计更加科学的产业人才竞争力分析方法，形成具有实践指导意义的产业人才开发建议，为地方产业发展和人才强国战略提供理论支撑。

第三，结合中国国情完善宏观层面的理论基础及国家人力资源开发战略理论。直到今天，发达国家仍在不断创新，坚持将人力资源开发作为国家重要战略进行实施。我国目前的研究大多借鉴国外的内生增长模型，与中国国情结合不够，现实指导意义不强。今后的研究，可在借鉴国外理论模型的基础上，认真剖析中国独特的制度和文化，通过改进理论模型进一步验证与分析人力资本与中国经济增长的关系，并结合中国的社会环境和经济发展情况提出政策建议，形成具有中国特色和实践指导意义的国家人力资源开发战略，为人才强国战略提供理论支撑。

第四，探索中观层面的理论基础及产业人力资源开发战略研究。目前，国内外对宏观层面和微观层面的研究成果已日渐丰富，但对中观产业层面的关注则明显偏少，且研究对象多集中在新兴产业，距离建立一个相对完善的理论体系还有一定差距。今后的研究，可将研究对象扩展到更多产业，综合分析人力资本对产业转型升级的影响，进一步扩展人力资源开发战略影响因素分析框架，并从定量角度加强对产业人力资源开发战略的研究，验证高质量发展理论在中观层面的指导作用。

第三节　研究框架、方法与创新

一、研究框架

（一）总体思路

本书基于高质量发展背景，从人力资源促进智能产业发展角度出发，在回顾国内外人力资源开发战略相关研究的基础上，首先，对人力资本、人力资源开发、人力资源开发与经济增长、人力资源开发与产业转型升级、人力资源开发与高等教育等相关理论基础进行梳理，并对智能产业概念及分类进行界定。其次，对美国、日本、德国、印度4个国家的人力资源现状及人力资源开发特点进行分析，总结其人力资源开发经验，为研究制定智能产业人力资源开发战略奠定理论基础。再次，以重庆智能产业为例，深入分析重庆智能产业发展情况和人力资源开发现状，并通过搭建计量模型，对北京、天津、上海、江苏、浙江、广东、四川、陕西和重庆9个省市的智能产业人力资源开发度进行实证分析和比较，多维度剖析当前制约重庆智能产业发展的人力资源“瓶颈”问题及成因。最后，从政府、产业和高校角度，探讨不同人力资源开发主体如何通力合作，共同构建符合重庆智能产业发展需要的人力资源开发战略。

（二）主要研究内容

本书围绕“智能产业人力资源开发”这一主题，综合运用多种方法，通过不同角度和层次进行分析和研究，全书共分为七章：

第一章，导论。主要介绍本书的写作背景、价值、框架、方法、创新点及不足之处等。

第二章，相关理论基础及概念界定。主要对人力资本、人力资源开发、人力资源开发与经济增长、人力资源开发与产业转型升级、人力资源开发与高等教育等相关理论基础进行梳理，并对智能产业概念及分类进行界定。

第三章，国外人力资源开发经验。通过对美国、日本、德国、印度4个国家的人力资源现状及人力资源开发特点进行分析，总结其开发经验，为提出智能产业人力资源开发战略提供参考。

第四章，重庆智能产业人力资源开发与利用现状。分析重庆智能产业发展趋势、人力资源基础情况和智能产业人力资源开发现状。

第五章，重庆智能产业人力资源开发实证研究。通过建立人力资源开发度的分析框架，对北京、天津、上海、江苏、浙江、广东、四川、陕西和重庆9个省市的智能产业人才竞争力进行评价，分析重庆存在的差距。

第六章，重庆智能产业人力资源开发的问题及成因分析。对重庆智能产业人力资源开发存在的问题及成因进行剖析。

第七章，重庆智能产业人力资源开发战略。分别从政府、产业和高校角度出发，提出符合重庆智能产业发展需要的人力资源开发战略。

二、研究方法

（一）文献法

通过查阅文献，了解当前学者对人力资本与经济增长、人力资源开发与产业转型升级、人力资源开发度、人力资源开发战略的主要研究观点，了解各地智能产业基本状况和相关产业政策，为后续研究及方向确定搜集资料、奠定基础。

（二）访谈法

通过对行业专家及企业代表进行访谈，进一步了解各地智能产业发展现状、产业现有人力资源及开发情况等，分析人力资源对产业发展的贡献和人才需求特点，获得重庆市智能产业企业、人力资源的基本数据，筛选确定智能产业人力资源开发度的评价指标，找出目前重庆市智能产业人力资源开发存在的问题，形成初步开发理论构架。

（三）计量分析法

根据收集到的各类数据，结合理论研究采用熵权 TOPSIS 法和熵值法建立计量模型，分析当前重庆人力资源结构和效能、智能产业人才竞争力发展水平、智能产业人力资源开发影响因素等，找到智能人力资源开发的路径和实施重点。

三、研究的创新点

（一）研究视角创新

结合高质量发展背景，将智能产业发展与人力资源开发战略研究有机地结合起来，摆脱仅从宏观理论层面研究经济高质量发展和产业经济的一般框架，综合运用管理学、经济学、政治学等理论，基于高质量发展和产业转型升级视角，从政府、企业和应用型本科院校等多角度探索如何实施人力资源开发、如何服务地方产业发展，紧跟国家、地方政策及产业发展导向，从目前检索到的文献可知，研究对象及视角都较新颖。

（二）研究内容创新

摆脱仅以宏观理论作为支撑研究区域人力资源问题的一般构架，综合运用管理学、经济学、教育学等理论，探讨企业人力资源开发和高校人才培养对智能产业发展的支撑作用，由检索到的文献可知，目前对智能产业发展与人力资源开发关系的系统性研究几乎没有。

（三）研究方法创新

在制定智能产业人力资源开发战略时，借鉴兰德战略评估系统“将兵棋推演和分析模型进行有机结合”的理念，采取定量与定性分析、文献资料与实际调查、静态研究与动态论证相结合的多元研究方法，试图从综合的学术视角揭示所研究客体的内在联系，避免单一研究方法的局限和偏差。

（四）实践内容创新

本书基于政府、高校、企业和行业协会四位一体有效合作，探讨企业和应用型高校如何实施人力资源开发战略，不但为实施创新驱动战略提供了创新实践，而且也拓宽了产教融合的广度和深度，属于推动应用型高校人才培养、教学改革的创新实践。

四、研究的不足之处

智能产业是我国产业发展的主攻方向，也是实现区域产业升级、构筑现代产业体系的重点，但由于智能产业涵盖范围广、产业统计不全，通过公开渠道能获得的数据资料有限，本书以重庆为例进行的相关分析和论述存在一定局限性，未来需要强化数据资料的收集和整理，进一步深入和细化相关研究。

第二章　相关理论基础及概念界定

第一节　人力资本概述

一、人力资本的含义和特点

（一）人力资本的含义

18世纪中叶，随着欧洲工业革命的开始，人类社会逐渐进入工业时代，生产力和生产关系均发生了巨大变革，大规模的工业生产代替个体工场手工生产，专业技术培训代替作坊教授学徒，人的知识、技能等因素在生产中发挥着越来越突出的作用。正是在此背景下，一些古典经济学家针对人力资本的思想做出了比较接近现代的论述。古典经济学派代表人物亚当·斯密在其1776年出版的《国富论》中就对人力资本进行了专门描述，针对人力资本的作用，他指出“人的才能与其他任何种类的资本是同样重要的生产手段”，并且具体分析了经验、知识和能力在生产中所起的作用。这是人力资本作为一种独立生产要素，首次出现在经济学家视野中。斯密还指出“为习得一种本领或技能，你需要走进学校、接受教育，你需要去做学徒，这在有形或无形中需要投入和耗费很多，而这些投入并未消失，而是已经被深深嵌入学习者体内，不仅是其个人财富的一部分，同样也是社会财富的一部分，如同那些机器、设备、厂房一样，也有其自身价值，并能用以赚取利润”。阿尔弗雷德·马歇尔在其1890年出版的《经济学原理》（*Principles of Economics*）一书中强调，“对人本身的投资，在所有投资项目中价值是最高的”。

1960年，美国经济学家、人力资本理论的开创者西奥多·舒尔茨提出了真正意义上的人力资本概念，他将人力资本界定为“蕴含在人的身上，通过人的知识、技能、资历、经验和熟练程度等形式加以体现”。另一位人力资本理论的代表人物经济学家加里·贝克尔在其1964年出版的《人力资本》一书中将人力资本定义为“能够在劳动力市场获得物质或精神收入的能力，包括继承而来或后天获取所得”。

社会经济的发展特别是科学技术进步等因素，都深切影响着人力资本思想的产生和迅速发展。人们越来越意识到科学技术是第一生产力，而科技进步主要来源于人力资本投资。正如德国前总理科尔所说：“德国是一个要素禀赋相对匮乏的国家，我们更应将那些接受过良好教育和专门培训的熟练技术工人视为国家经济稳定发展的最宝贵财富。”日本经济学家大来佐五郎也曾指出：“正是在日本国民较高的受教育程度、知识技术能力水平和企业经营管理者突出的经营管理能力等因素的综合作用下，战后日本经济才能实现起飞和发展。”

长期以来，人力资本的含义被不同学者从不同角度加以定义。如将人力资本视为一种与物质资本相对应的资本形式，有学者将其定义为能为个体增加经济收入的知识和技能。如从聚焦价值创造的角度来看，任何个人对其自身投入时间、精力和金钱以获得知识、技能、健康或体质改善等，如果这种投入能够带来价值增值，且由其自主占有和支配从而激发追加投资积极性，则这种投入所形成的价值便是人力资本。本书中所说的人力资本更多的是讨论在市场经济条件下的人力资本，它能够提高产出，进而提高个人收入。

（二）人力资本的特点

正如物质资本经常被学者从数量和质量的角度加以规定和衡量，人力资本也可以从数量和质量两方面加以规定。人力资本的数量或规模通常指向社会或者某一组织的劳动力数量，而人力资本的质量通常指向劳动者个人所具备的知识、技能、能力和素质等。

人力资本与物质资本也存在不同之处，主要在于人力资本存在的先决条件是人的生命与健康，它是人作为劳动者，在生产中所使用的一种能力，包括体力和脑力的综合运用，体现为劳动者所具备的知识、技能、工作经验、熟练程度以及创新能力等。人力资本是助推生产效率提升、促进经济增长的重要因素，具有相当可观的经济价值。这种资本与劳动者本人无法割裂，必须寄寓在单个劳动者身上，在其身上凝结和表现，是具有显著个体性和私人性的一种资本，无法转让。在不断投资基础上实现人力资本的形成、积累以及其效能的发挥，都与个体劳动者的生命周期息息相关，受限于劳动者个体的遗传基因、体质体力等条件。独特、有经济价值的人力资本总是处于供不应求的状态。

从资本角度来看，相较于物质资本，人力资本还具有价值不易评估的特点。因人力资本的承载主体，即人本身具有学习能力，可以通过不同形式，在不同阶段不断丰富所具有的资本。人力资源难以被捕捉，与人的知识、技能和能力等的测算相比传统物质资本评估也容易有较大误差。

人力资本还具有典型的溢出效应，即在一个组织进行某项活动时，不仅会在组织内部产生活动所预期的效果，还会对组织之外的人或者社会产生影响。例如，在某一组织中员工之间通过学习、交流和示范等形式开展活动，可以影响组织内、外部人力资本价值的发挥，进而实现增加组织内、外人力资本总量和质量的效果。

二、人力资本投资的内涵、特点及主要形式

（一）人力资本投资的内涵

人力资本的形成及其存量的增加，主要体现在劳动者知识存量的增加、技能的增强、工作经验积累和工作中更为熟练、生理与心理健康状况强化等，一切有利于上述种种素质改善对劳动者行为、费用和时间的投入均可称之为人力资本投资。人力资本投资行为的主体可以是国家、企事业单位、社会团体等，

也可以是劳动者本人，而投资的主要目标就是直接或间接改善人的素质结构，提高劳动能力。

（二）人力资本投资的特点

人力资本投资的特点与物质资本投资有所不同，主要体现在以下两方面：

第一，投资收益的广泛性。从投资主体收益角度来看，投资主体通常包括国家（或社会）、企业或家庭（或个人）三方，在收益获得时，有时是一方获益，有时是多方同时获益，即获取投资收益的主体往往不是单一的投资主体。例如，受教育者在九年制义务教育阶段接受教育的投资主体是国家，但受教育者由于知识、能力提高所创造出来的收益却是三方投资主体共同分享的。再如，劳动者接受的职业技能培训，投资主体是国家或企业，而收益则是由三方投资主体共同分享，因为劳动者技能水平和生产效率提高可以增加企业利润，改善个人收入，从宏观角度来看还有助于国民生产总值的增长。投资收益的广泛性还体现在人力资本投资所带来的收益涉及面非常广，常常在经济、文化、社会等多方面都能获益。例如，对于人的教育投资，能够促进其教育水平的提高，与此同时，对于整个社会经济发展、解决贫困问题、促进社会公平、提高社会整体的道德水平、维护社会稳定以及增强人的主动性和创造性等都具有深刻意义。

第二，不同于物质资本投资收益见效快的特点，人力资本投资的收益往往见效很慢，即人力资本投资收益具有迟效性。物质资本投资往往伴随投资注入，即可发挥效能，见到收益。而人力资本投资则需要劳动者进行一定时期学习后，积累并具备了一定知识、技能、能力和经验，并达到一定水平或标准后，才能产生效能，带来收益。

第三，人力资本投资收益还具有长期性的特点，即人力资本投资一旦发挥作用、产生效能，将会贯穿于较长的时期，持续产生收益，形成收益流；对于劳动者个体而言，这种收益流有时甚至可以延续终身，而对于国家或社会等投资主体而言，这种收益甚至能超出某个劳动者个体的生命长度。例如，劳动者通过人力资本投资而做出的科技研发创新成果，对人类经济社会发展所起的作用甚至可以持续数百年。

（三）人力资本投资的主要形式

人力资本投资的形式多样，劳动者所接受的正规教育、职业技能培训和医疗卫生保健以及劳动力在区域间的流动等都是人力资本投资的主要形式。

在人力资本投资的各种形式中，正规教育是最主要的一种形式，其投资形式具体包括人在生命周期各阶段所接受的各级正规教育，如学前教育、小学、中学和大学等的费用支出。这种投资形式有助于人力资本知识存量的形成和增加，具体表现为人力资本构成中的普通受教育程度，即学历的改善。任何投资主体如政府、社会团体或劳动者个人及其家庭，用于普通教育的支出，均是人力资本投资的一种形式。该投资涉及投入直接成本和间接成本，直接成本包括支付学杂费、书本费以及其他一些费用，但不包括全部的住宿和伙食费，因为这部分费用即便不读书，正常生活依然需要支付。间接成本则指参加正规教育的机会成本，如大学生如果不上大学而直接参加工作所能获得的最高收入。因为正规教育是人力资本投资诸多形式中最为重要的一种，在某些研究中，我们可以根据劳动者在学校接受教育的平均年限或者说劳动者的学历结构，衡量和比较在一定时期内一个国家或地区、家庭或劳动者个人的人力资本存量。

技能或技术也是人力资本的一个重要组成部分，其主要通过劳动者参与职业技能培训而获得。职业技能培训主要是给参与者提供从事某种职业所需要的知识、技能或技巧，这种投资侧重于提高劳动者的工作能力、专业知识和技能存量、熟练程度等，用于培训的各项费用都是对人力资本的投资。在培训之后，劳动者通常可以通过一定程序得到专业技术等级证书，以此体现和证明自己对某些职业技能的掌握水平。由此，通过了解一个国家或地区在一定时期内组织的职业技能培训规模、人力资源的各类专业技术等级结构情况，可以对其人力资本规模进行鉴定和比较。

为了保障人力资源的健康、增进其体质而投入费用是人力资本投资的另一种主要形式。对于人力资本在衣着、住房、营养、医疗保健、身体锻炼及为了保障心情愉快而进行的必要娱乐活动等方面投入的费用，都可认为是人力资本投资，此种投资的效果主要体现在人力资源寿命的增长、死亡率降低、身体健康状况及力量强度、耐久力、精力的改善上，目的是促进人的健康发展，从而间接起到提高人力资源生产效率的作用。一个国家或地区人口的健康和体质状况对于当地经济运行会产生重要影响，因此，这些方面的投资也需要加以重视。

此外，人力资源从一个地区向另一个地区流动，也是人力资本投资的一种形式，虽然这种流动并不能直接增加或形成人力资本，但从宏观角度来看，人力资源的合理流动能促进人力资源在区域间实现优化配置，调节人力资本分布，从微观角度来看，有利于个体的人力资本发挥更大效能，为组织赚取更大利润。由此可见，人力资源流动也是实现人力资本价值增值的重要方式。

第二节 人力资源开发概述

一、人力资源开发的概念界定

人力资源开发的研究兴起于 20 世纪六七十年代，Harbison 和 Myers（1964）首次提出人力资源开发这一术语，他们将其视为社会中一个提高所有人知识、技能和能力的过程，并从经济学角度将其描述为人力资本的积累及对经济发展的有效投资。随后，Nadler（1970）系统提出了人力资源开发框架，将人力资源开发定义为使整个人、身体、心灵和精神有目的地发展的过程，既包括组织活动，也包括个人主动学习。自此，人力资源开发理论开始逐渐被学术界接受，众多学者基于目的、手段、层次等视角对人力资源开发的概念进行了阐述。

（一）基于目的的视角

基于目的的视角对人力资源开发概念的阐述主要包括以下两种：一种是通过投资提高人力资本的价值。Craig（1976）提出，人力资源开发旨在通过终身学习的各个方面开发人的潜能。萧鸣政（1994）认为是对群体或个体各种人力因素的开发和利用过程。另一种是为个人和组织的共同发展服务。Nadler 和 Wiggs（1986）认为是一定时期有组织的学习活动，目的是为了促进个人成长和提高组织绩效。Gilley（1989）认为是一种组织内促进员工成长与工作改进的学习活动，有助于提升工作绩效，实现组织发展。Stead 和 Lee（1996）认为是一个综合性的社会学习过程。Jon 和 Randy（2006）认为是一系列驱动业务绩效的自我学习和绩效提升活动。

（二）基于手段的视角

关于人力资源开发的手段，主要包括培训、继续教育、学习、生理心理保健、文体活动、规划、利用等。潘金云（1991）认为人力资源开发是通过各种方式不断提升人员素质、开发人员能力、实现人员合理配置的过程。Swanson（2001）认为是通过培训、自主学习、组织建设等方式，提升员工技能和实现员工自我成长的过程。陆娟（2001）认为是合理挖掘和利用各种资源，提升人力资源利用的一系列措施和手段，包括教育、培训、配置等。刘铁明（2017）认为是开发者利用学习、培训、管控等方式对人力资源进行利用的活动。

（三）基于层次的视角

按照人力资源开发的主体和涵盖内容不同，可分为宏观层面、中观层面和微观层面。早期学者对概念的阐述大多与个人能力培养和企业绩效改善活动有关，属于微观层面人力资源开发的范畴。随着经济社会的快速发展，政府作为一个国家或区域的管理机构开始关注人力资源的合理配置，学者将人力资源开发的概念进行了拓展，进一步延伸到宏观层面和中观层面。鄂万友（1989）将人力资源开发分为微观的人力个体开发和宏观的人力群体开发。Wilson（2013）将人力资源开发定义为提高社会上所有人员和组织的认知、情感和行为能力的过程。Reed（2017）认为人力资源开发包括个人层面、组织层面和政府层面的应用学习，从不同职能领域提升人力资源的能力。

通过对各种人力资源开发内涵的比较可以看出：国内外学者从不同角度对人力资源开发的内涵进行了长期研究，概念界定的范围不断扩大，已形成初步的理论体系。在本书中，我们把人力资源开发界定为：开发主体在现有的人力资源基础上，聚焦一定的战略目标，根据内、外部环境发展变化要求，针对人力资源的知识、技能、能力和主观能动性等进行调查、分析、规划、培训和配置，以提高现有人力资源的效能，创造更大的价值。任何一种人力资源开发活动，都主要包括五大要素，分别是人力资源的开发主体、开发客体、开发内容、开发手段、开发方式。

二、人力资源开发的内容

关于人力资源开发包括的内容，学术界观点并未达成一致。联合国教科文组织从生存、健康、自主、适应四个方面提出人力资源开发针对的主要内容：生存，即防御和保护生命安全；健康，既包括身体健康也包括心理健康；自主，指保障个体选择的能力，不受压抑，也不一味依靠、依赖他人；适应，指人适应社会环境的能力，如包括人的表达能力、沟通能力等。而联合国经济及社会理事会则认为，人力资源开发的内容应主要包括劳动力开发与就业、科学与技术发展、生活质量改善三方面。国际劳工组织则将人力资源开发的内容聚焦于职业技术教育和就业培训，即通过增强劳动者自谋职业的能力，尽量减少或避免结构性失业。为更好地理解人力资源开发的内容，我们从层次、外延、内涵三方面进行分析。

根据人力资源开发的层次不同，人力资源开发的内容应包括以下方面：一是要加强对现有人力资源的运用，努力达到人力资源的供需平衡，使人力资源的数量与经济社会发展相适宜。二是加强对人未来能力的培养，要提高人力资源的质量，优化人力资源的机构与配置，不断提升人的素质与能力。三是要挖掘人的潜能，扩大人力资本，提供实际所需的各类人才。

根据人力资源开发的外延不同，可分为宏观层面、中观层面和微观层面人力资源开发。宏观层面人力资源开发主要是以国家为主体的开发，主要通过数量控制、结构控制、教育培训、社会保障等方式实现全国范围内的人力资源配置，提升全民素质，满足社会和经济可持续发展的需要。中观层面人力资源开发是指区域或产业人力资源开发，主要根据国家相关政策，通过引进、教育、培训、就业等方式实施区域或产业人力资源开发措施。微观层面人力资源开发是以企业组织或个人为主体的开发，主要是通过学习、培训、职业生涯发展等方式实现企业和个人的目标。

根据人力资源开发的内涵不同，人力资源开发的内容也可指素质与能力的开发，主要包括身体健康素质、文化科技素质、思想道德素质、职业技能素质和潜能开发方面的素质。身体健康素质是人力资源系统的客观基础，其开发内容主要包括遗传基因、营养保健、医疗卫生等。文化科技素质内容主要包括专业知识、生产知识、运营管理知识、科技知识和生活常识等。这些素质既可以通过学历教育获得，也可以通过家庭教育、社会实践、自主学习文献资料和工作中历练等方式获得。思想道德素质开发的主要内容侧重思想素质、道德素质、政治素质和品德素质等，这类素质主要通过学校教育、家庭教育、参加社会活动和自我教育等方式获得。职业技能素质开发的内容主要指围绕工作岗位技能能力要求，在劳动者就业前后开展的生产知识、操作方法、工作流程规范、工作技巧、从业准则等职业能力开发活动。潜能开发方面的素质侧重于对劳动者潜意识地进行分析与开发，激发劳动者潜能发挥。

三、人力资源开发的作用

人力资源开发对个人、组织及社会都发挥着重要作用。

（一）对个人的作用

首先，人力资源开发具有提高人的素质、提高人的能力、引导人的期望和需要的功能。其次，人力资源的开发可以满足个人自我发展、自我修养、适应社会生活、获得社会职业的需要。最后，人力资源开发可以促进社会生产，发展社会经济，巩固社会政治，传播组织文化。

（二）对组织的作用

自由竞争是市场经济的特点之一。当前，组织间的竞争表面上看是不同组织间产品与服务质量、组织财力与物力等的竞争，但从长期角度来看，其本质上是组织间人力资源实力的竞争。从一定意义上来说，组织间人力资源实力的较量，实际上体现了组织内部人力资源开发水平的高低。只有人力资源开发水平高，才能做到产品技术含量高、品质好、服务好，才能看准市场发展趋势或消费者需求，在激烈的市场竞争中占据优势，占有一席之地；而与之相反，谁不懂得进行人力资源开发，不懂得对潜在人力资源进行挖掘，对现有人力资源进行培训、教育、规划，墨守成规而非与时俱进，那么这个组织的产品中所凝结的知识技术含量就会越来越低，陈旧到被消费者所抛弃，最终会在市场竞争中被淘汰。

（三）对社会的作用

人力资源开发是促进社会发展的决定性因素，能为社会持续发展奠定良好基础。人力资源开发通过改善劳动者个体素质、知识、技能和能力等，能有效提高劳动生产率，推动生产力发展，从而创造更多社会物质财富，提高国民收入水平，减少贫困。与此同时，通过人力资源开发，有助于提升国民的整体素质和人力资本水平，提高国民文化素养和道德水平，有利于促进社会民主、平等与和谐。自改革开放以来，我国一方面促进下岗、转岗人员进行再就业；另一方面开拓了多元化的就业格局，组织开展了再就业培训工程等一系列工作。这些人力资源开发策略，有效地化解了社会矛盾，减轻了就业压力，有力地保障了社会稳定。

第三节　人力资源开发与经济增长

一、经济增长的内涵及其主要影响因素

（一）经济增长的内涵

经济增长（Economic Growth）被定义为产出的增加，即国民经济后期的产出高于前期的产出。产出可以表示为经济的总产出（GDP 产量）或人均产出（人均 GDP）。著名美国经济学家库兹涅茨对经济增长给出了一个典型的定义："一个国家的经济增长可以定义为向居民提供广泛经济产品的能力的长期增长，这种不断增长的能力是建立在先进的技术基础、不断优化改进的配套制

度和与时俱进的思想意识基础上的。”

粗放型经济增长和集约型经济增长是促进经济增长的两种不同方式，前者是通过加大在有形物质资源方面，如土地、厂房、设备等方面的投资成本和规模，从而促进经济增长。而后者是通过增加无形资源，如人力、技术、信息等的投入，或提高资源使用效率等，减少物质资源的投入，降低能源消耗，促进资源的优化配置，助力经济长远持续地发展。从经济社会发展的角度看，后者正在逐渐取代前者，社会经济增长方式正在向数字化、信息化、服务化转变。

（二）经济增长的主要影响因素

从现实角度来看，影响经济增长的因素很多。Denison（1962）将影响经济增长的因素归结为劳动、资本存量的规模、资源配置状况、规模经济、知识进展、其他影响单位投入产量6个因素。在一定时间和空间里一国或地区发生的经济增长，同时受到投入的自然资源和社会资源的影响，具体包括自然、矿藏、人力、信息、技术、人文社会生活习俗以及生产活动能力等因素。其中人力资源是一种区别于物质资源的可再生资源，其本身具有社会属性、时效属性，是人能够靠主观能动性发挥作用的资源，由凝聚在劳动力身上具有经济价值的知识、技术、能力和健康素质等构成，是劳动力质量的反映。

二、人力资源开发与经济增长的互动关系

与土地、资本、厂房、机器、设备等资源相比，人力资源是一个新兴词汇，我们所理解的人力资源概念，由被誉为“现代管理学之父”的美国著名学者彼得·德鲁克首先正式提出并加以确定。人力资源不同于物质资源，它是能动的且可更新创造的资源。在以往的社会化生产活动中，人们依靠一定的低技术含量的劳动投入，对大量物质资源进行简单粗加工来改造社会。改造过程不仅漫长，而且呈现出高投入、高耗能、高污染的特点。在这一阶段，人类在改造社会的进程中，无度开发和无限制地使用了大量自然资源，且造成了难以逆转的环境污染，对人们的生活产生了深刻的影响。但是，付出如此巨大物质资源消耗代价带来的收益却不成比例，人们投入的各种成本远大于其收益。究其根本，就是粗放的经济增长方式与社会发展不相适应。这种一味依靠物质资

源开发的粗放式发展模式正在逐步退出历史舞台，取而代之的是各个国家和地区对人力资源开发的广泛认可和接受。

人们逐渐意识到，人力资源是国家、地区或组织间现在以及未来竞争的焦点，只有重视并且选择人力资源开发的道路，一个国家、地区或组织才有可能实现持续发展。对一个国家来说，提高人力资源综合素质是促进经济发展和社会进步的重要举措，是社会经济协调发展最基本的保障；对于一个企业来说，人力资源开发工作的效果，直接关系到企业的生存和发展。人力资源开发工作做好了，可以使员工增强主人翁意识和主体责任感，变被动为主动，变不自信的观念为自信、自强的主体观念，并借助市场运行中的平等竞争推动员工在工作岗位上主动探索自身价值实现，从而创造更多的社会财富。

（一）人力资源开发对经济增长的作用

在不同历史时期生产力和科学技术发展水平存在巨大差异，经济增长的主要决定因素也各不相同。在生产力水平较低的原始经济和农业经济时代，经济增长的决定因素主要是自然资源禀赋和劳动力数量；在工业经济时代，自然资源特别是矿产资源的占有和配置主要影响了经济增长；随着科学技术的发展和知识经济时代的到来，经济增长则越来越依赖于知识产业发展情况。美国经济学家 Barro 和 Martin（1992）认为，影响各国经济增长率差异的主要因素是其各自所拥有的人力资源的数量和质量，而非自然资源和物质资本。阻碍穷国赶超富国的主要原因是缺乏高素质的人力资源，是人才和知识、技术的不足，而不是物质资本的缺乏。正是人力资源数量、质量及其发展水平决定了不同国家、地区和组织的经济增长程度。

人力资源对促进经济可持续发展的作用，主要体现在以下两个方面：

一方面，人力资源开发是促进经济增长的决定性因素。人力资源开发主要包括对潜在或现有人力资源进行增值和对已开发资源的合理利用两部分，具体可以通过教育、培训、资源配置和使用等多种手段和方式对人力资源进行开发，从而提高劳动者的知识、技术水平、工作能力和发明、创造能力等，进而以加快科技进步的速度、拓宽技术进步的范围等方式将科学技术转化为生产力，有效地应用于经济部门和生产领域，实现在生产过程中提高劳动生产率，促进社会生产力发展；另外，人力资源开发可以推动科技水平的发展，科技水平取得发展又会助推社会产业结构的变化。回顾人类社会发展史，18 世纪 60 年代中期、19 世纪 70 年代以及 20 世纪四五十年代所爆发的三次工业革命，都是科学技术进步和革命的结果，更是人力资源开发的结果。唯有不断开发，培养更多、更好的科技与管理人力资源，才能推动科学技术的发展，促进产业结构的调整。而产业结构发生变化和调整后，又需要通过人力资源开发帮助劳动力去适应这种变化。否则，与新型的产业结构不相适应的低素质劳动力只会制约产业结构的多元化、高效化发展。

另一方面，人力资源开发有助于协调人与自然资源的关系，促进社会经济的可持续发展。首先，人力资源开发有利于提高自然资源的利用效率。世界自然资源短缺的问题已开始出现，通过人力资源开发，可以提高技术水平，着力提高资源利用率，从而在资源使用中，减少自然资源的浪费，降低物质资本消耗，促进资源利用规模由粗放型转变为集约型，与此同时减少过度开发。其次，由于在生产过程中，需要各种生产要素以一定比例相互配合发生作用，创造产出，而各种投入要素之间在很多时候可以相互替代，因此人力资源开发有助于以人力资源投入弥补自然资源的匮乏与不足，从而减少经济发展对自然资源的依赖，实现对自然资源的高效、可持续利用，进而实现经济的可持续增长。再次，人力资源开发后形成的物化高新技术，还可以实现自然资源中各要素之间的相互转化，解决部分自然资源稀缺的问题。最后，人力资源开发的措施大都集中在提升劳动者的教育水平和健康水平两方面，人力资源开发可以提高人力资源素质与能力，通过教育等形式可以使劳动者掌握更多的职业技能，改善健康，延长劳动者的工作时间，并提高工作效率，因此，人力资源开发可以提高国民的收入水平、消费水平和消费需求，为社会经济持续发展奠定基础，对经济增长做出贡献。

（二）经济增长对人力资源开发的作用

经济增长对人力资源开发的作用，主要表现在以下两个方面：

一方面，经济增长促进教育和健康水平的提高，推动人力资源开发。教育水平和健康状况是衡量人力资本质量的最主要因素。一个国家或地区的经济增长水平会极大程度地影响该国家或地区人力资源的教育、医疗与健康状况，经济增长带来的产出增加为投资人力资源开发提供了物质基础。有了足够的财力，政府才能在改善教育环境、提高医疗与健康水平等行动中投入更多，企业才会有动力增加对员工的培训投入，个人才会更多关注到自身的身心健康改善与专业能力提升等。此外，经济增长也会带来区域间人力资本的流动，人力资本的能动性会促使其向生产效率更高的区域流动，从而实现区域间人力资源的优化配置，而这也是一种重要的人力资源开发形式。

另一方面，经济增长影响人口结构，进而影响人力资本总量。在分析一个国家或地区人力资本与经济增长关系时，我们通常考虑的是该区域人力资本总量，即该区域所有人口中人力资本存量的数量和质量。人口包括一切有劳动能力的人和无劳动能力的人，是向国民经济提供人力资本的源泉。所以，除了关注人力资本的质量，人力资本的载体数量，即人口数量或劳动力数量也是在研究人力资本与经济增长互动关系时不得不考虑的影响因素。Bloom 等（2000）使用 70 个国家和地区 1965～1990 年的面板数据，从人口学的角度证明了经济增长与人口结构的双向因果关系。他们指出，收入变化会显著地影响生育率，经济增长带来的健康条件改善和医疗水平进步会提高预期寿命。经济增长正是通过影响人口结构，从而影响人力资本总量。

在一国或一地区范围内，随着时代的发展，人力资源成为区域经济稀缺资源和重要推动力，谁能对人力资源进行合理开发，谁拥有高素质专业人才队伍，谁掌握先进的专业技术，谁就能把控经济增长的主动权，因此各个国家和地区都在为争夺人力资源而互相竞争，而拥有大量人力资源的地区往往都花大力气将人力资源的能量发挥到极致，即通过有效的人力资源开发来推动区域经济高速、可持续增长。另外，经济的持续增长为人力资源开发活动奠定了充足的物质基础，并通过影响人口结构，间接推动人力资源开发。因此，人力资源开发与经济增长之间存在着双向互动关系。人力资源开发是促进经济增长的重要因素，经济增长可以通过人力资本投资来实现。

第四节　人力资源开发与产业转型升级

一、产业结构及其分类

（一）产业结构的概念

伴随经济的快速发展，各国或地区都在不断谋求提升生产效率，在此背景下，专业化分工产生，并逐渐被广泛应用，其出现和应用助推了生产效率的提升，并且在此基础上，逐渐形成各种生产部门。而一国国民经济部门结构即被称为产业结构。受经济、政治、技术、社会、文化等因素的影响和制约，不同国家或地区构成国民经济的生产部门常常不同，而不同的生产部门在规模、占经济总量的比重、发展程度以及对经济增长的贡献度等方面往往表现出巨大差异。而且，即使是在同一国家或地区，各生产部门与经济增长的关联度以及不同生产部门对经济增长的贡献度等也有较大差异。由此学术界提出了产业结构（Industrial Structure）的概念，将其概括为在社会再生产过程中，一个国家或地区的产业构成，也即产业间的资源配置，而产业发展水平是各产业所占比重，产业间技术经济联系则是产业间的相互依存和相互作用方式。

（二）产业结构的分类

在对产业结构进行分类时，产业领域分类法、三次产业分类法、资源密集度分类法以及国际标准产业分类法等方法被广为采用。

1. 产业领域分类法

产业领域分类法也称两大领域分类法或者两大部类分类法，是指按生产活动的性质及其产品属性对产业进行分类，根据此方法，产业部门被划分为物质资料生产部门和非物质资料生产部门。农业、工业、建筑业、运输业等从事物质资料生产并创造物质产品的部门均属于物质资料生产部门；科研、文化、教育、卫生、金融、咨询等只提供非物质性服务而不进行物质资料生产的部门均被划归为非物质资料生产部门。

2. 三次产业分类法

三次产业分类法在世界各国得到普遍认可，是采用最广的一种产业结构分类方法，其划分产业结构的依据是社会生产活动的历史演进顺序。根据这种方法，从自然界直接获取产品的部门被划归第一产业，对自然界直取的初级产品进行一定程度再加工的部门被列入第二产业，而第三产业则指那些为生产和消费提供各种服务、支持的部门。运用这种方法对我国的产业结构进行分类，我国的三次产业如表 2－1 所示。

表 2－1　我国三次产业分类

产业分类	名称
第一产业	农、林、牧、渔业（不含农、林、牧、渔服务业）
第二产业	采矿业（不含开采辅助活动），制造业（不含金属制品、机械和设备修理业），电力、热力、燃气及水生产和供应业，建筑业
第三产业	服务业，即指除第一产业、第二产业以外的其他行业，包括：批发和零售业，交通运输、仓储和邮政业，住宿和餐饮业，信息传输、软件和信息技术服务业，金融业，房地产业，租赁和商务服务业，科学研究和技术服务业，水利、环境和公共设施管理业，居民服务、修理和其他服务业，教育，卫生和社会工作，文化、体育和娱乐业，公共管理、社会保障和社会组织，国际组织，以及农、林、牧、渔业中的农、林、牧、渔服务业，采矿业中的开采辅助活动，制造业中的金属制品、机械和设备修理业

3. 资源密集程度分类法

根据在各产业中资本、技术和劳动力三种生产要素投入量多少，要素密集程度及在总投入中所占比重的不同为标准进行划分，产业结构可以划分为劳动密集型、资本密集型和技术密集型三种类型。

（1）我们通常将那些对机器、设备或技术依赖程度不高，而需要依靠大量的劳动力从事生产的行业称为劳动密集型产业。在这类产业的生产成本中，员工工资成本占较大比重，而设备折旧和研发支出则相应占比较小。农、林、纺织、服装、玩具、皮革、家具等制造业都是典型的劳动密集型产业。随着科技的进步，特别是很多新技术、新设备在生产中的应用，在许多国家的劳动密集型产业中，技术和资本的密集度也在不断提高，使得劳动密集型产业逐渐分化，其中部分转化为资本密集型或技术密集型产业。

（2）资本密集型产业是指在单位产品的成本中，较之劳动成本，资本成本在总成本构成中所占比重更大，即单个劳动者占用较高金额的流动资本和固定资本的产业。基础工业和重加工业如制造业、钢铁业、石油化工、重型机械业、电力工业和电信设备制造业等是典型的资本密集型产业，它们常被视为国民经济发展、实现工业化的重要基础。

（3）在生产过程中，主要依赖智力和技术生产要素的产业被称为技术密集型产业，具体包括：微电子、新材料工业、航空航天工业、信息产品制造业、核工业以及现代制药业等。近年来，技术密集型产业呈现迅猛发展之势，成为推动一国或地区经济增长的主导产业。

4. 国际标准产业分类

为便于对世界各不同国家或地区的统计数据进行汇总和对比，联合国经济和社会事务理事会（以下简称经社理事会）的统计司制定了《全部经济活动国际标准产业分类》（*International Standard Industrial Classification of All Economic Activities*，ISIC）（以下简称《国际标准产业分类》）。如图2－1所示，自1948年初次制定以来，该标准经多次修订、完善，现已成为国际上对经济活动进行分类的最为成熟、权威和具有影响力的国际标准之一。

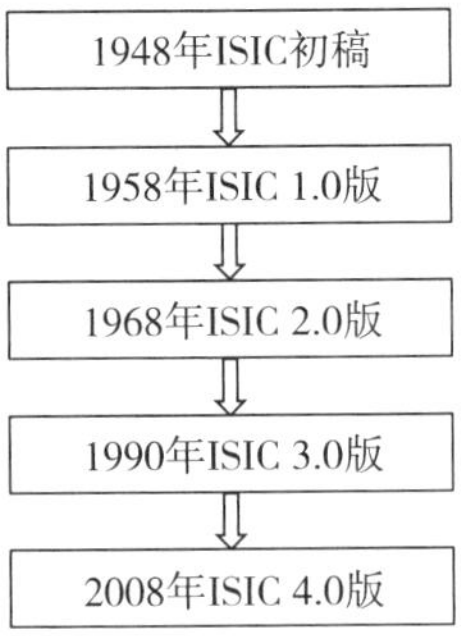

图2－1　国际标准产业分类ISIC演变过程

目前《国际标准产业分类》的最新版本是联合国统计委员会于2008年发布的修订第四版（ISIC 4.0版），这一版对门类、大类、中类、小类的部分内容进行了调整，把国民经济划分为21个门类，将各个门类再细分为大类、种类、小类，共有88个大类、238个中类和419个小类；相比之前版本，此版本在结构上更为具体、详细，适应了众多新兴行业涌现和发展的需要，增加了如通信业、科学研究和技术服务等反映世界经济发展变化的新概念，能够更好地反映当前的经济现象和经济形势。

参照《国际标准产业分类》，我国于1984年首次发布了国家标准《国民经济行业分类》，并先后于1994年、2002年、2011年和2017年分别进行了修订。现行的2017年修订标准（GB/T 4754—2017）由国家统计局起草，国家质量监督检验检疫总局、国家标准化管理委员会批准发布，于2017年10月1日起开始实施。该标准采用线分类法和分层次编码法，将国民经济行业划分为门类、大类、中类和小类四级，代码由一位拉丁字母和四位阿拉伯数字组成。

二、产业转型升级概述

（一）产业转型升级的内涵

产业经济发展领域研究的核心内容之一是产业转型升级，学者从不同角度对“产业转型”进行了深入研究，但对其概念的界定，至今仍未达成统一。Poon（2004）把生产制造商生产的产品从劳动密集型低价值向资本或技术密集型的高价值产品成功转换的过程称为产业升级。姚晓艳（2004）的研究提出，产业转型是一种产业结构的飞跃式变化，亦可定义为产业结构重新构建，其突出特征表现为主导产业部门的更迭，主要涉及产业结构高效化和高度化，而非产业部门所占比例的简单变化。潘伟志（2004）指出，由于生产要素替代和重新组合等原因，国民经济中三次产业各自所占比重发生变化，是为产业转型。产业转型的核心不是单纯的转行业，而是转换经济增长类型，即由粗放型转为集约型。李晓阳等（2010）认为产业升级指产业结构的改善以及由此带动的产业素质与效率的提高，具体表现为产业结构提升和相互协调发展以及各生产要素的优化组合、技术水平和管理水平以及产品质量的提高。田洪川和石美遐（2013）认为产业升级是伴随产业结构高级化以及产业价值链效率化，从而提高产业整体发展水平的过程。

对于“升级”，学界观点较为一致地认为是指高级化，即从相对低的等级向较高等级的转变。在研究中学者逐渐对产业转型升级的内涵达成一定共识，如很多学者将产业转型升级等同于产业结构转型升级，将产业转型升级过程等同于产业结构高度化的过程。还有不少学者认为产业转型升级是产业从低层次向高层次转换的过程，既包括产业产出总量的增长，也包括产业结构的高度化等。主流产业结构理论认为产业转型升级的完整内容包括产业结构高效化、高度化以及合理化三方面，其中居首要地位的内容是产业结构高效化。

我们将产业转型升级定义为产业结构高级化，即在科学发展观战略思想指引下，为实现国民经济效益最优目标，一国或地区政府在对影响经济发展各项因素综合分析基础上，根据产业结构特征，通过对产业结构的调整，优化产业格局，从而推动各产业发展的主动、积极、有效的战略行为，是一国或地区政府根据产业结构发展演变的规律，综合运用市场机制的基础性调节作用和政府政策的干预力量，引导其产业结构由低级向高级转变的过程。这种转型升级将更有利于社会经济的发展，从而实现经济效益、环境效益和生态效益相统一。

（二）产业转型升级的一般途径

推动产业转型升级的主要动力是技术进步和比较优势的变化。对于自然资源较为丰富而技术水平却比较低的国家或地区，其产业构成以及产业间的资源配置水平必然处于较低层次。但是，伴随经济发展，为了满足新的需求，在技术进步的助推作用下，该国或地区政府势必会对产业结构进行调整，并在相对成熟的条件下，推动产业结构从低级形态向高级形态转变，即产业转型升级。

产业转型升级是经济增长方式的转变，也是经济发展模式的高级化、合理化，是一个长期的动态过程，最终目的是通过技术升级、改进管理模式、提高产品质量和生产效率等多个方面来实现产业构架和技术构架、就业需要以及资源供应等情况保持一致，实现经济健康、快速增长。一方面，产业转型升级要与本区域的地理条件、资源环境状况以及经济和产业的发展阶段等必须的基本条件相匹配，不断调整产业的布局和结构，促进产业结构进一步趋于合理，从而实现各产业相互之间和某一产业内部结构的协调发展。另一方面，产业转型升级还是一个动态调整的过程，在同一经济体发展的不同阶段，对产业结构调整的目标和方向也不尽相同，要根据不同阶段的不同特点和实际情况进行持续调整，才可以推动产业结构越发完善、高效。

技术升级、市场升级和管理升级是实现产业转型升级的三种常用途径。学者普遍认为无论选择哪种产业转型升级途径，技术进步都是转型过程中最为关键的一环。而技术进步通常通过以下方式实现：对引进其他国家或地区的先进技术加以研究，在对该技术进行分解、消化和吸收基础上，结合自身资源要素优势等进行改进优化和创新，建立符合自身特点的升级的技术体系。在此过程中，懂技术、高素质、善于创新的人才是关键，正是靠这些高技术核心人才，才能实现先进技术的引进、消化、吸收和再创新，从而推动产业转型升级的最终实现。但仅是技术升级远远不够，还需要配套推进市场的升级和管理升级，如深入调查分析顾客消费痛点、探索有效的经营管理手段等。只有在技术、市场和管理三方面都实现升级，才能真正实现产业转型升级。而无论是技术升级、市场升级还是管理升级，都需要与更高要求相对应的人力资源来实现。

人们通常认为产业转型升级必须依赖于政府行政法规的指导以及资金、政策支持，并将产业转型升级实现的具体路径归于通过体制变革作用因素以及调整产业政策、产权关系等来影响资源配置，认为只要通过改革体制、在产业政策制定上有所倾斜、调整改变产权关系就能促使产业转型升级。体制、政策、资金投入等因素对于实现产业转型升级的作用毋庸置疑，但在产业转型升级进程中，人力资源所发挥的重要内在作用也不容小觑。人力资源是各生产要素中最活跃的因素，其数量结构状况以及质量发展水平决定着产业转型升级的成败。产业结构的调整、演变和升级，应该与经济的发展水平和阶段相匹配，以科学技术发展水平和人力资源的数量结构和质量状况为基础，人力资源开发的质和量也要适应产业结构调整和升级的需要。

三、人力资源开发与产业转型升级的交互影响

产业结构与人力资源结构是经济结构的核心内容，在社会经济运行中，产

业结构调整与人力资源结构调整互为基础、互为条件，在彼此的调整与升级中相互制约、相互促进。人力资源开发是经济发展和产业转型升级的根本要求，人力资源开发的程度和水平制约着产业结构的转型升级。

（一）产业转型升级需要相匹配的人力资源支撑

经过持续的人力资源开发，人力资本的水平日益提高，人力资源的数量结构与产业结构更加匹配。高素质人力资源的广泛使用，人力资源中的知识、智力、创造力正以直接生产要素的身份进入生产活动，使劳动生产率大幅度提高，新兴产业迅速增长，传统产业焕发生机，呈现出知识经济的特征。而知识经济时代的竞争核心就是对人力资源的竞争，人力资源结构对产业结构调整的制约与促进作用变得更加明显和直接，产业结构与人力资源结构的关系更加密切。

1. 未得到有效开发的人力资源是制约产业转型升级的主要因素

在生产力水平比较低的情况下，人力资源数量产生的作用比较大，充足的人力资源数量可以弥补物质资本的不足，形成产业中的劳动密集型产业。当人的知识、技术、智力等物化为物质资本中技术资本的量越来越多时，人力资源数量的作用开始下降，质量水平开始发挥越来越重要的作用，生产结构也开始从劳动密集型产业向资本密集型和技术资本密集型产业转变。人力资源的数量结构和质量水平是产业转型升级的重要基础，在产业结构的演变中，人力资源总是处于积极主动的地位。没有一定的人力资源做基础，仅依靠体制改革、产业政策倾斜、产权关系的调整很难带来生产要素与资源的优化配置，产业结构的合理化和高级化也难以实现。

技术升级是产业转型升级的灵魂，无论对传统产业进行改造升级，还是发展高新技术产业，都必须加强技术升级，而技术创新水平则主要取决于人力资源开发水平。新兴产业基本上都是建立在高科技基础上的产业，对于这些产业结构变动中新成长起来的产业，首先需要的是掌握先进科学知识技能的劳动力，不论这些劳动力是新加入到劳动力市场的劳动力流量，还是其他行业转移过来的劳动力存量，都需要通过开发才能完成新兴行业对劳动力需求的任务。在产业转型升级的情况下，原有的行业也会因技术和管理的进步而对劳动力提出更高的要求，因此，也需要教育和培训等开发手段来完成这个任务。从劳动密集型产业向物质资本密集型产业过渡，资本有机构成的提高，物质资本的使用增加，简单劳动的使用量相应减少，技术工人的使用量增加；从物质资本密集型产业向技术资本密集型产业过渡，物质资本含量逐步减少，技术资本的含量不断增加，对高级人力资源的需要量增加；从技术密集型产业向知识密集型产业转换，人力资源的创新能力是重要的因素。知识作为要素直接投入生产过程，人的创造力和智力在生产过程中直接物化在产品中，形成高额的附加值，人力资源的质量水平是决定这个转化成功的关键。人力资源的开发应着重于人的知识、智力、创新能力的开发，如果人力资源不能得到有效开发，人力资源整体素质低下，将会导致产业转型升级的动力不足。

从三次产业分类法角度来看，第一产业的高素质人力资源匮乏使农业生产技术得不到大的改进，农业生产率低下，从而导致优质高效农业发展缓慢，规模化经营难以展开，农产品附加值过低等问题。而在工业结构升级中，由于工业从业人员中人力资源缺乏有效开发，很多企业技术改造主要依靠进口，进口设备的高昂价格，抑制了企业技术进步，致使工业结构不能由资源依附化、初级加工化阶段向技术集约化阶段快速转变。第三产业的结构优化目标是传统服务业的比重下降，新兴服务业的比重上升，劳动密集型服务业比重下降，资本、技术和知识密集型服务业的比重上升。新兴服务业一般对从业人员的要求较高，需要一定的工作经验、专门的劳动技能或较高的综合能力等，而这些都需要借助有效的人力资源开发才能得以解决。

总之，人力资源开发的效果将直接影响产业转型升级，人力资源开发不利将会拖产业结构调整的后腿；如果能在确保人力资源总量充足的条件下，进行人力资源合理开发，把人力资源结构的优化和产业结构调整优化结合起来，那么它将有效促进产业转型升级。

2. 人力资源合理配置助推产业转型升级

在参与生产的诸要素中，人力资源是最活跃的因素，一切生产过程都必须有人的参与，都必须有人的体力劳动和脑力劳动付出，生产资料必须与劳动力按适当的比例配合，才能使生产正常进行，任何一种要素超过合理配比后的不适当增加，只会使其闲置，造成生产率的下降。而人力资源开发中的一项重要内容就是对人力资源进行合理配置。在某一产业中，合理的人力资源配置，能提高物质资本、资金和技术投入的使用效率，并引起投放到不同产业、行业和企业的各种要素的流动，使各产业、行业和企业的人力资源配置更加合理，从而推动产业转型升级。

在现代技术条件下，资源的流动性已大大加强，货币资金在几分钟之内可以零成本地从一个地区流向另一个地区；不同地区间技术的扩散和转移速度也大大加快；随着现代物流业的发展，货物在全球范围内的流动更为便利。与此同时，我们关注到人力资源在区域间的流动与优化配置较过去也有了较大变化。在我国过去的计划经济条件下，劳动力就业采取政府在既定的地理区域范围内直接安排与调配的就业方式，而且工资标准也由国家统一规定，因此，较少发生劳动力流动，人力资源价值难以得到充分开发。但在市场经济条件下，政府和企业只是给劳动者提供就业机会，劳动者必须通过竞争才能真正获得工作职位，这无形中对劳动力形成一种压力，使其出于竞争失败或由于不同地区或工作岗位间存在较大的经济福利差异，而其不满足现有的工作条件和劳动报酬等原因，产生强烈的流动愿望，而与此同时，社会给予了劳动力就业充分的自主权。劳动力的合理流动，有利于实现人力资源的优化配置，提升其使用效率，从而促进产业的成长和转型升级。

历史证明，人力资源结构是产业结构调整的条件和基础，人力资源结构的调整与升级必然带动产业结构调整与升级，人力资源开发可以提高产业的劳动生产率、经济增长率，为经济持续增长提供重要的人力资本竞争力，为产业结构升级创造良好的发展基础，人力资源开发的深化，促进科学技术和生产力的发展，推动产业结构的不断调整和升级。

（二）产业转型升级促进人力资源培育和人力资源结构优化

1. 产业转型升级促进人力资源培育

产业结构调整决定人力资源需求结构，进而影响人力资源开发方向与发展水平。一方面，产业结构的快速调整与升级可以为经济发展培植新兴的高增长型支柱行业，为区域经济持续增长提供新的增长点和竞争点，带动整个国民经济的快速增长。产业转型升级必然要求人力资源结构做相应的调整，以提供充分的智力和技术支持，也就是说，产业转型升级决定了人力资源开发的方向，人要转行就必须学习新的知识与技能以适应工作的需要。另一方面，产业结构调整升级的速度决定了经济的增长速度，经济增长的速度决定了人力资源结构优化的速度，产业结构的调整升级势必引起人力资源结构进行互动的调整和升级。

2. 产业转型升级促进人力资源结构优化

三次产业结构的变化，促进人力资源的就业结构调整。劳动力的就业结构是指劳动力的各产业部门之间的构成。随着经济的发展，人均国民收入的提高，劳动力首先由第一产业向第二产业移动；当人均国民收入提高到一定程度时，劳动力便从第一产业和第二产业向第三产业移动。劳动力在产业间的分布状况为：第一产业将逐步减少，第二产业、第三产业将逐步增加。经济发展中各产业间出现收入的相对差异是造成劳动力从第一产业转向第二产业、第三产业的根本原因。一般来说，从事第二产业、第三产业所取得的收入较从事第一产业所取得的收入要多得多。当人均收入水平很低时，劳动力多是集中在第一产业，从事第一产业的劳动力若在 80% 以上，属于最不发达的状态；随着收入水平和经济发展水平的不断提高，从事第一产业劳动力所占比重逐渐下降，若下降到 10% 以下则属于发达状态。从事第二产业劳动力所占比重的变化，是先随着经济发展水平的提高而不断提高，当经济发展水平提高到一定程度后，又不断降低，劳动力开始向第三产业转移；而从事第三产业劳动力所占比重的变化则呈不断上升的趋势。从发达国家经济发展的道路来看，一个国家在比较充分地完成工业化之后都会出现所谓的“服务型经济结构”，即第三产业在国民经济中的比重超过第一产业、第二产业。随着经济的进一步发展，第一产业在国民经济中的比重会更加收缩，但其目前就业的劳动力必将转移到第二产业和第三产业中去，而第二产业对劳动力的吸收能力比不上第三产业，从目前我国的情况来看，只能通过城镇化就业和第三产业的发展来吸收充足的人力资源，否则将不可能真正建立起现代产业体系。

3. 产业转型升级有利于优化人力资源个体和群体的知识结构

产业结构的调整、优化和升级，促使个体的知识结构也要不断地调整和优化。适应性强的人力资源个体应该是一专多能的“复杂人”，其中“一专”代表个体在某一专业领域知识的深度与水平，体现其在所处行业中的专业知识水平的高低；“多能”代表个体一般文化知识的广博程度、相关或边缘知识的获取程度等，在一定程度上可以体现出其从一个行业转向其他行业的适应能力。

产业转型升级不仅有利于优化人力资源个体知识结构，还有利于个体知识结构在群体人力资源结构中的互补效益和协调效益的发挥，即调整优化人力资源群体知识结构。人力资源群体知识结构不是个体人力资源知识结构的简单累加和多种要素的机械重叠，其整体功能的大小，主要取决于群体知识结构的优化程度，其中包括人力资源的群体规模及其协同互补性。

总之，人力资源结构的调整要视产业结构的高级化而定，人力资源的开发要与产业转型升级的变动相适应。产业结构的调整和高级化，已不仅是传统意义上的生产要素在各产业部门中的比例变化，而更多地体现在高新技术对传统产业的影响、融合的力度以及引起产业结构变化能力的加强。只有建立较为合理的人力资源结构，才能有效地为国民经济各个部门和各类型企业培养和输送质量合格、数量庞大、层次合理、种类齐全的各类专门人力资源，才能对经济发展起促进作用。因此，人力资源结构要适应产业结构的调整趋势，个体的知识结构就要符合产业技术结构的要求，人力资源素质、人力资源能级要与产业的发展水平相匹配。

第五节　人力资源开发与高等教育

高等教育是一种培养高级专门人才的专业教育活动，需以中等教育完成为前提。在社会的不断发展中，高等教育人才培养、科学研究以及为社会服务的三项职能逐渐凸显。自改革开放 40 多年来，我国的高等教育取得了长足发展和令人瞩目的成就，已初步形成了适应国民经济增长和社会发展需求的多层次、多形式、学科门类基本齐全的社会主义高等教育体系。通过普通高等教育、成人高等教育、高等教育自学考试（简称自考）、电大开放教育和远程网络教育等高等教育学历形式，培养出了一大批高级专门人才，在我国经济建设、科技进步和社会发展中扮演着至关重要的角色。

一、高等教育与人力资源开发关系的理论基础

发展高等教育与人力资源开发有着密切的关系，其理论基础是产生于20世纪60年代的人力资本理论。该理论指出教育人才培养职能的发挥，可以为社会经济发展培养所需人才，继而促进劳动生产率的提高，从而创造更大经济效益，促进经济增长。因而应该大力提倡教育投资，实现人力资源的有效开发。1935年美国哈佛大学沃尔什教授在其发表的《人力资本观》文章中，第一次提出“费用—效益”分析法（即现值折算法），并运用该方法对不同教育程度学生的教育投入和因能力提高而就业收入增加的情况进行分析，测算出各级教育的不同收益情况，从而回答了读高中或接受高等教育是否值得的问题。在1960年的美国经济协会年会上，舒尔茨以会长身份做“人力资本投资”的主题演讲，首次提出了人力资本理论，回答了许多传统经济理论难以解释的经济增长问题，并且系统阐述了人力资本观点，明确提出通过使人力资源接受各级正规教育、成人教育、在职培训和健康及营养的补给等，是开发人力资本和提高人的素质的重要途径，是促进一国或地区经济增长的重要原因，甚至提出在很大程度上，人口质量和教育投资影响了人类的未来。另一位人力资本理论创始人加里·贝克尔教授对于在人力资本形成过程中，正规教育和职业培训发挥的作用尤为关键。他对正规教育和职业培训的投入和收益进行计算、分析，以此确定了这些投入人力资本形成的重要作用。此外他还对在人力资本形成中，家庭的教育投资决策行为的意义以及家庭人力资本投资问题也进行了研究。

关于不同层次受教育者在劳动生产率水平提高方面是否存在差异问题，联合国教科文组织曾进行过相关研究，其研究结果如表2-2所示。这一研究分析了文化层次高低对劳动生产率的影响，足以说明高素质人才在推动生产力发展中的决定性作用，凸显出高等教育在整个社会经济发展中的重要地位。

表 2-2　不同层次受教育者的提高劳动生产率情况

受教育程度	提高劳动生产率水平（%）
小学程度	43
中学程度	108
大学程度	300

资料来源：根据《“关于文化层次高低对劳动生产率影响的状况”研究报告》整理。

我国作为一个发展中的人口大国，人均自然资源相对不足。在现有资源条件下，更应该大力开发人力资源，走科教兴国之路，以强化综合国力和提升国际竞争力。在此进程中，高等教育无疑占据着基础性、先导性和全局性的地位。高等教育肩负着把沉重的人口负担和压力转变为人力资源优势以及保障经济持续稳定发展的关键作用。

二、我国高等教育的发展现状

在人力资源开发的各种方式中，教育是最核心和有效的方式，高等教育更是重中之重。各国对高等教育发展都非常关注，特别是进入 21 世纪后，在全球经济一体化的背景和日益复杂的国际环境条件下，世界各国纷纷行动，相继出台了本国的高等教育发展战略。如美国教育部已制定了多轮五年期教育发展战略规划，以构建全面而有竞争力的教育体系；俄罗斯制定了《俄罗斯 21 世纪的教育：优先发展战略和 2010 年教育现代化构想》；韩国发布了《21 世纪韩国教育改革计划》等。此外，很多其他国家的教育部门也纷纷采取行动，普遍提出要建立适应全球化和知识经济时代的教育发展战略和计划。为促进教育事业科学发展，全面提高国民素质，加快社会主义现代化进程，我国的国家中长期教育改革和发展规划纲要工作小组办公室根据党的十七大关于“优先发展教育，建设人力资源强国”的战略部署，于 2010 年制定并颁布了《国家中长期教育改革和发展规划纲要》。

高等教育是高质量人力资本的生产手段，是提高人力资源质量的有效途径。怎样通过高等教育培养经济发展所需要的高素质人才，直接关系到一个国家人力资源的可持续性发展。党的十九大强调，“要加快一流大学和一流学科建设，实现高等教育内涵式发展。高等教育必须跟上国家实力增长和国际地位的变化，在服务经济发展、社会进步、文化传承、世界和平的进程中发挥自身价值。建成卓越的高等教育体系，是中国的时代责任和历史使命。我国的科教兴国、人才强国、创新驱动发展等重大战略，都需要高等教育提供人才保障和智力支撑”。在中国改革开放的40多年中，中国特色社会主义进入新时代的历史节点上，全国教育大会于2018年9月10日在北京召开。会议对高等教育内涵式、特色化发展以及如何培养创新型、复合型或应用型人才进行了阐述。2019年2月，中共中央、国务院印发了《中国教育现代化2035》，聚焦教育发展的突出问题和薄弱环节，立足当前，着眼长远，重点部署了面向教育现代化的十大战略任务。文件提出推进教育现代化的总体目标是：到2020年，全面实现“十三五”发展目标，教育总体实力和国际影响力显著增强，劳动年龄人口平均受教育年限明显增加，教育现代化取得重要进展，为全面建成小康社会做出重要贡献。在此基础上，再经过15年努力，到2035年，总体实现教育现代化，迈入教育强国行列，推动我国成为学习大国、人力资源强国和人才强国，为到21世纪中叶建成富强、民主、文明、和谐、美丽的社会主义现代化强国奠定坚实基础。

在新时期，为实现新的发展目标，各国或地区对优秀人才特别是高技术人才的渴求比以往任何时期都更加迫切，都希望通过发展高等教育培育所需人才，高等教育在任何国家或地区的发展进程中的先导作用以及社会发展引领作用更加凸显，高等教育的发展事关全局。自改革开放以来，我国的高等教育取得了长足发展，满足了人民群众接受高等教育的需求。高等教育普及率赶超世界中高收入国家水平，上亿人接受过高等教育，高等教育学历的从业人口总数位居世界第二；高等教育质量持续提高，高等院校办学水平在世界排名中不断攀升；高等教育的内涵式、跨越式发展，培养了大量卓越人才，在各个领域涌现出大量基础研究、专业研究和科技创新成果，有力地助推了中华民族的伟大复兴。

2020年5月，教育部发布了《2019年全国教育事业发展统计公报》（以下简称《公报》)，《公报》中对我国高等教育的发展规模、发展历程和发展现状都进行了数据整理和分析。根据 2019 年底的数据统计情况，全国高等院校整体数量规模如表 2－3 所示。

表 2－3　2019 年我国高等院校数量规模　　单位：所

高等学校类别	院校数量	比上年增加数量
普通高等学校	2688	25
本科院校	1265	20
高职（专科）院校	1423	5
成人高等学校	268	－9

资料来源：根据《2019 年全国教育事业发展统计公报》整理。

我国高校从 1999 年开始扩招以来，高等教育在校人数和毛入学率都持续上升。由图 2－2 可知，2019 年我国高等教育的在校生规模达到历史新高的 4002 万人，高等教育毛入学率也实现了史无前例的 51.6%，较之往年保持持续稳步增长。

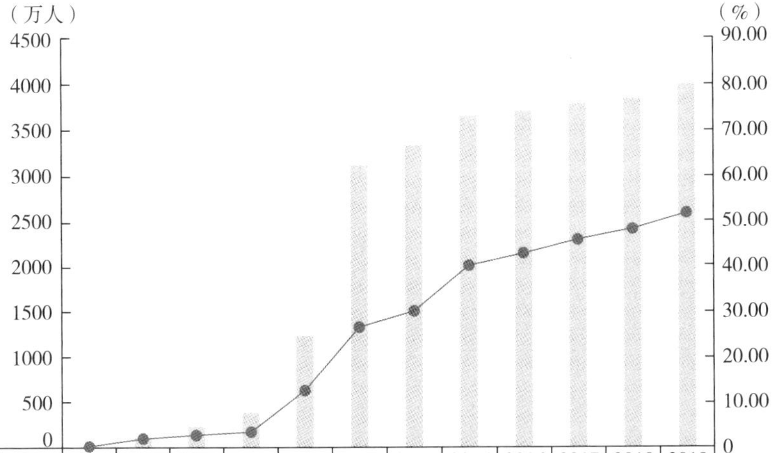

年份	1949	1965	1978	1990	2000	2010	2012	2015	2016	2017	2018	2019
在校生总规模	12	110	228	382	1229	3105	3325	3647	3699	3779	3833	4002
毛入学率	0.26	1.95	2.70	3.40	12.50	26.50	30.00	40.00	42.70	45.70	48.10	51.60

图 2－2　高等教育在校生规模和毛入学率

资料来源：根据《2019 年全国教育事业发展统计公报》整理。

我国高等教育的招生规模在稳步扩大，尤其是普通本专科学生数量，更是逐年增加，具体情况如表2－4和表2－5所示。此外，共有596.37万人报名参加了全国高等教育自学考试学历教育考试，共计48.98万人取得毕业证书。

表2－4　2019年中国研究生学生数量　　单位：万人

	毕业生数	招生数	在校生数
研究生	63.97	91.65	286.37
博士生	6.26	10.52	42.42
硕士生	57.71	81.13	243.95

资料来源：根据《2019年全国教育事业发展统计公报》整理。

表2－5　2019年中国普通和成人本专科学生数量　　单位：万人，%

	毕业生数	较上年增加	招生数	较上年增加	在校生数	较上年增加
普通本专科	758.53	5.22	914.90	123.91	3031.53	200.49
成人本专科	213.14	－4.60	302.21	28.90	668.56	77.57

资料来源：根据《2019年全国教育事业发展统计公报》整理。

从高等教育师资规模（见表2－6）来看，普通高校教职工人数有所增长，生师比达到17.95∶1，而成人高等学校教职工人数则较上一年度略为下降。

表2－6　2019年中国普通高校和成人高校师资数量　　单位：万人

	教职工数	较上年增加
普通高等学校	256.67	7.92
专任教师	174.01	6.74
成人高等学校	3.61	－0.19
专任教师	2.06	－0.13

资料来源：根据《2019年全国教育事业发展统计公报》整理。

普通高等学校的教学资源保障条件，如校舍建筑面积和教学科研仪器设备条件等也在日趋完善。2019年，我国普通高等学校的校舍建筑面积较上年增加3534.85万平方米，达到101248.41万平方米；教学科研仪器设备总值较上年增加562.02亿元，达到6095.08亿元。

与此同时，我国民办高等教育也实现了飞速发展，民办高等学校数量已达到757所（其中独立学院257所，成人高校1所），较2018年增加7所，学生规模也在稳步扩大，普通本专科招生比2018年增加35.75万人，增长19.43%；在校人数比2018年增加59.23万人。

三、高等教育发展对人力资源开发的贡献

（一）发展高等教育对于我国人力资源开发的重要意义

教育是培养人才的基础，是人力资源开发的重要方式，在人力资源开发中具有特殊的地位，负有重要的历史使命。学者对教育在人力资源开发中的作用进行了研究，尚新丽（2003）认为人力资源开发的重要领域在教育，教育是人力资源的奠基工程，是人力资源的第一次开发，因而要把学校教育纳入人力资源开发的轨道中来，使教育服务于经济、服务于社会、服务于人的发展。王胜涛（2016）专门研究了学校教育在人力资源开发中的作用，发现基础知识教育是培养人才的基础，个性化教学教育是培养人才的重点，突出的能力是培养人才的关键，品德操行是培养人才的保障，优化教育方式是培养人才的新课题，尽管不同层次和不同级别的学校教育在人力资源开发中的具体任务和内容有所区别，但从共性的内容上看均包括知识教育、技能教育、品德教育和专业教育等几个方面。可以说学校教育开发是人力资源开发中地位最为突出、作用最为明显的主要途径和战场，通过不同阶段的学校教育与开发能够最大限度地发现人才、培养人才和造就人才。

党的十九大做出我国经济已由高速增长阶段转向高质量发展阶段的重大判断，这是新时代我国经济发展的鲜明特征，对经济发展质量变革、效率变革、动力变革等方面，都提出了前所未有的更高要求，这些都与高等教育息息相关，迫切需要高等教育战线进一步提高人才培养和社会服务能力。伴随着我国劳动力数量和成本优势逐步减弱的现状，迫切需要加快提升劳动者素质，将人口红利转化为人力资源红利，培养更多的优秀人才，为经济社会发展提供有力

的创新支撑和文化引领，产出支撑高质量发展的创新性成果。由此可见，高等教育改革与发展对中国人力资源开发起着至关重要的贡献作用。高等教育发展水平对于提高人的综合素质、促进人的全面发展、实现中华民族伟大复兴具有不容忽视的重大意义。

（二）高等教育助推人力资源开发的举措

高等教育通过对人类长期积累、传承下来的知识和技术进行精选和凝练等处理后，将其传递给受教育者，使其可以在某段特定时期内具备进行社会劳动所需知识、技能、正确的道德观以及职业操守等。整个过程对于人力资源开发和人力资本形成都发挥着重要作用。提升高等教育的人才培养质量和高等院校的办学水平，既是高等教育谋求发展的内在要求，也有助于提升教育投入带来的效益，解决人们普遍关注的就业出路等现实问题。因此，在通过高等教育路径实现人力资本增值时，应该高度关注人力资本投资的最终效果，在我国高等教育发展进程中，应着力于通过统筹处理高等教育规模、结构、质量和效益等因素，促进高等教育持续、稳定、快速发展，从而保障人力资源开发效能不断提升。

想更为充分地发挥高等教育在人力资源开发中的作用，要着重抓如下几个问题：一是要加大高等教育投资力度，构建高等学校教育投资体制，首要解决的问题是应该大力改革高等教育的投资模式，由于我国国家财政支出的局限性，高等教育在现有投资主体基础上，应着力增加社会投资所占比重，还可以考虑通过社会（企业和个人）与高等院校展开科研合作等途径，吸收教育投资。二是要针对新的形势和社会发展需求，对高等院校的人才培养方案适时调整，加快改革步伐。改变过去的过分强调理论和强化记忆的教育模式，为新型的理论、实践相结合的人才培养模式，着力培养学生的创新性思维，打造创新型人才。注重校企合作，联合办学，以市场需求和岗位胜任力为导向，培养高级技术人才。三是高等院校应该密切关注市场动态，注重根据国家发展战略和产业结构转型升级要求，主动站位，做产业转型升级的“先头兵”，动态调整学生培养计划，把学生培养成为适应社会发展，能推动我国社会经济有效运行的走在时代前列的高素质人才。

保证我国经济增长的质量和速度，有赖于高等教育持续、稳定地为社会输送各类高水平人力资源。大力发展高等教育，有助于改善我国国民素质和提升人力资本水平，既是迎接全球范围内人才竞争挑战的战略决策，也是基于我国国情的必然选择，更是增强我国综合国力的客观要求。推动新时代高等教育改革发展，才能以教育强国的新成就为全面建设社会主义现代化强国提供有力的创新支撑和人才支持。

第六节　智能产业的内涵

自 1956 年达特茅斯会议首次提出“人工智能”概念以来，人工智能的发展几经沉浮。近十余年来，人工智能风暴席卷全球，已经从科幻逐步走入现实，驶入了发展的快车道。我国在人工智能领域发展虽然起步稍晚，但抓住了难得的发展机遇，产业发展速度异常迅猛。

一、人工智能的概念

虽然人工智能（Artificial Intelligence，AI）已经成为一个众所周知的名词，但对其概念的界定并未达成广泛共识。早期人工智能的发展思路是研究人类产生智能的过程，然后让机器学习人类的思维方式去行动。现代人工智能概念的提出者约翰·麦卡锡认为，机器不一定需要像人一样去思考获得智能，重点应是让机器尝试解决人脑所能解决的问题。

人工智能核心技术发展的两条主线分别是脑科学和类脑科学的研究，涵盖机器学习、知识工程、计算机视觉、自然语言处理、语音识别、计算机图形学、多媒体技术、人机交互、机器人、数据库技术、可视化、数据挖掘、信息检索与推荐等重点领域。

人工智能企业的界定范围总体上指核心业务为提供人工智能产品、服务和相关解决方案的企业，可以分为技术和产品/解决方案两个维度。技术维度包含算法平台、基础硬件、语音视觉等通用技术的提供方和制造方，产品/解决方案维度包含各类人工智能产品的生产商和解决方案提供商，以及各垂直行业的解决方案提供商。

二、智能产业的概念及分类

本书研究的智能产业是大智能产业，属于制造业的高端领域，涉及多个行业，比人工智能产业覆盖的内容更广，不仅包括以人工智能、互联网、大数据技术为产出的产业，而且包括以相关技术为基础进行智能产品设计及制造的产业。智能产业是典型的新兴产业，发展前景广阔。根据产业活动的内容，借鉴最新的《国民经济行业分类》（GB/T 4754—2017）和重庆市统计局产业统计分类目录，本书将智能产业分为大数据、人工智能、集成电路、智能超算、软件服务、物联网、汽车电子、智能机器人、智能硬件、智能网联汽车、智能制造装备、数字内容十二大类。由于统计原因，部分产业的国民经济行业小类在细分领域可能存在交叉的情况。

（一）大数据

1. 大数据核心业态

指围绕大数据关键技术和大数据核心业务形成的产业业态，包括大数据的采集、存储、处理、分析、交易、安全、服务、应用和云平台建设运营服务等业务活动。涵盖互联网搜索服务、互联网其他信息服务、互联网安全服务、互联网数据服务、其他互联网服务、信息处理和存储支持服务、信息技术咨询服务、地理遥感信息服务等国民经济行业小类。

2. 大数据关联业态

指支撑大数据核心业态企业运营的业务活动，包括电信、广播、卫星传输服务、互联网和相关服务、软件和信息技术服务等业务活动。涵盖固定电信服务、移动电信服务、其他电信服务、有线广播电视传输服务、广播电视卫星传输服务、其他卫星传输服务、互联网接人及相关服务、其他互联网服务、基础软件开发、支撑软件开发、应用软件开发、其他软件开发、信息系统集成服务、运行维护服务、信息技术咨询服务、地理遥感信息服务、其他未列明信息技术服务业、工程和技术研究以及试验发展等国民经济行业小类。

3. 大数据衍生业态

指呼叫中心、电子商务和互联网相关的服务型平台等经济业务活动。涵盖互联网生产服务平台、互联网生活服务平台、互联网科技创新平台、互联网公共服务平台、其他互联网平台、呼叫中心等国民经济行业小类。

（二）人工智能

1. 人工智能芯片制造

指 GPU、FPGA 等人工智能通用芯片制造，人脸识别、语音识别、3D 快速建模、跨媒体感知计算等专用芯片制造。涵盖工业控制计算机及系统制造这一国民经济行业小类。

2. 人工智能技术研究、试验和技术应用服务

指计算机视听觉、自然语言理解、新型人机交互高级机器学习、类脑智能计算、量子智能计算等算法研究，人工智能数据资源、模型库、计算能力、标准体系、测试评估、信息安全等服务平台，生物特征识别、数据深度挖掘、跨媒体感知计算等领域算法和芯片技术研发应用。涵盖基础软件开发、支撑软件开发、应用软件开发、其他软件开发、信息系统集成服务、工程和技术研究和试验发展等国民经济行业小类。

（三）集成电路

1. 集成电路技术研发

指 IC 设计服务，即企业开展的集成电路功能研发、设计等服务。涵盖集成电路设计、工程和技术研究和试验发展等国民经济行业小类。

2. 集成电路制造、测试专业设备制造

涵盖半导体器件专用设备制造、电子元器件与机电组件设备制造、实验分析仪器制造、电子测量仪器制造的等国民经济行业小类。

3. 集成电路制造

指单片集成电路、混合式集成电路的制造。涵盖集成电路制造这一国民经济行业小类。

4. 集成电路晶圆、元件及原材料制造

涵盖其他合成材料制造、特种陶瓷制品制造、半导体分立器件制造、电阻

电容电感元件制造、电子专用材料制造、其他电子元件制造等国民经济行业小类。

（四）智能超算

智能超算产业包括智能超算中心、智能超算重点实验室、超算研究院、技术创新平台以及有关软件开发应用服务型的企业。涵盖支撑软件开发、应用软件开发、其他软件开发、互联网科技创新平台、工程和技术研究和试验发展等国民经济行业小类。

（五）软件服务

1. 软件开发

指基础和通用软件开发、计算平台软件开发、人工智能软件开发、数字内容加工软件开发、工业软件开发、行业软件开发、网络和信息安全软件开发、嵌入式软件开发、其他新兴软件开发等业务活动。涵盖基础软件开发、支撑软件开发、应用软件开发、其他软件开发等国民经济行业小类。

2. 数字内容制作服务

指地理信息加工服务、数字动漫制作服务、数字游戏制作服务、其他数字内容制作服务。涵盖应用软件开发、地理遥感信息服务、其他数字内容服务、动漫及游戏数字内容服务等国民经济行业小类。

3. 现代信息技术服务

指基于新一代信息技术的信息系统集成与运行维护服务、数据处理与存储服务、集成电路设计、大数据服务、云计算服务、人工智能服务、物联网服务、综合解决方案服务、网络与信息安全服务等。涵盖互联网搜索服务、互联网其他信息服务、互联网安全服务、互联网数据服务、其他互联网服务、应用软件开发、集成电路设计、信息系统集成服务、物联网技术服务、运行维护服务、信息处理和存储支持服务、信息技术咨询服务、呼叫中心、其他未列明信息技术服务业等国民经济行业小类。

（六）物联网

1. 物联网硬件设备制造

仅指与物联网直接相关的通信终端、元器件制造。包括射频识别设备、传感器等信息识别、存储和处理设备制造。涵盖计算机整机制造、计算机零部件制造、计算机外围设备制造、信息安全设备制造、其他计算机制造、通信系统设备制造、通信终端设备制造、电子真空器件制造、半导体分立器件制造、光电子器件制造、电阻电容电感元件制造、电阻电容电感元件制造、敏感元件及传感器制造、其他电子元件制造、工业自动控制系统装置制造、电工仪器仪表制造、供应用仪器仪表制造、其他通用仪器制造、仪器制造、光学仪器制造、衡器制造等国民经济行业小类。

2. 物联网信息传输服务

指与物联网相关的网络信息传输和其他服务型企业平台。涵盖固定电信服务、移动电信服务、有线广播电视传输服务、无线广播电视传输服务、广播电视卫星传输服务、其他卫星传输服务、互联网接入及相关服务、互联网其他信息服务、互联网生产服务平台、互联网科技创新平台、其他互联网平台、其他互联网服务等国民经济行业小类。

3. 物联网信息技术服务

指物联网应用软件设计、系统集成、物联网技术服务和推广应用。涵盖基础软件开发、支撑软件开发、应用软件开发、其他软件开发、集成电路设计、信息系统集成服务、物联网技术服务、运行维护服务、信息处理和存储支持服务、信息技术咨询服务、工程和技术研究和试验发展、工业设计服务、专业设计服务等国民经济行业小类。

（七）汽车电子

1. 车身电子产品制造

指用于汽车智能化、汽车安全、舒适性控制和信息通信等控制系统，包括动力传动控制系统、车身控制模块 BCM、自动空调系统、车灯光控制、自适应巡航控制系统、智能驾舱、总线系统等。涵盖工业控制计算机及系统制造、汽柴油车整车制造、新能源车整车制造、汽车用发动机制造、改装汽车制造、低速汽车制造、电车制造、汽车车身及挂车制造、汽车零部件及配件制造、其他计算机制造、设备制造、物联网技术服务、通信终端设备制造、半导体分立器件制造、敏感元件及传感器制造、工业自动控制系统装置制造、其他电子元件制造、其他电子设备制造、其他通用仪器制造、运输设备及生产用计数仪表制造等国民经济行业小类。

2. 车载电子产品制造

指汽车上用于增加汽车功能性的电子系统和产品，包括车载音响系统、车载视觉系统、导航系统、汽车信息系统和车载家电产品等。涵盖汽柴油车整车制造、新能源车整车制造、改装汽车制造、低速汽车制造、电车制造、汽车零部件及配件制造、工业控制计算机及系统制造、通信终端设备制造、广播电视节目制作及发射设备制造、广播电视接收设备制造、广播电视专用配件制造、专业音响设备制造、应用电视设备及其他广播电视设备制造、雷达及配套设备制造、音响设备制造、影视录放设备制造、智能车载设备制造、其他智能消费设备制造、电子真空器件制造、显示器件制造、半导体照明器件制造、其他电子器件制造、电子电路制造、电声器件及零件制造、其他电子元件制造、其他电子设备制造、其他通用仪器制造等国民经济行业小类。

（八）智能机器人

1. 工业机器人制造

指用于工业自动化领域的工业机器人的制造。包括搬运与上下料机器人、焊接专用机器人、喷涂机器人、装配与拆卸机器人、打磨与切割机器人、洁净室机器人、工厂用物流机器人、工业机器人零部件、机械式遥控操作装置（遥控机械手）、智能工业机器人、工业机器人工作站。涵盖工业机器人制造这一国民经济行业小类。

2. 服务消费机器人制造

服务消费机器人制造指除工业和特殊作业以外的各种机器人，包括用于个人、家庭及商业服务类机器人，包括家务机器人、餐饮用机器人、宾馆用机器人、销售用机器人、图书档案馆用机器人、娱乐机器人、客服机器人、教育机器人、交流陪伴机器人、人形机器人、助老助残机器人、医疗机器人、康复机器人、清洁机器人、安防机器人、公共服务用机器人、非工厂用物流机器人、娱乐、体育比赛用无人飞行器、其他消费用无人飞行器、其他服务消费机器人。涵盖服务消费机器人制造这一国民经济行业小类。

3. 特殊作业机器人制造

指用于特殊性作业的机器人制造，如水下、危险环境、高空作业、国防、科考、特殊搬运、农业等特殊作业机器人制造。包括水下（深水）作业机器人、高温环境作业机器人、辐射环境作业机器人、腐蚀环境作业机器人、高空作业机器人、低温环境作业机器人、极地科考机器人、国防用机器人、农业喷灌机器人、农业其他机器人、林业机器人、渔业机器人、其他特殊生产作业机器人。

4. 机器人修理服务

指提供机器人修理服务的企业。涵盖通用设备修理、专用设备修理等国民经济行业小类。

（九）智能硬件

智能硬件产业指智能手机、智能穿戴、智能家居、智慧医疗、智慧娱乐等智能硬件制造。涵盖家用制冷电器具制造、家用空气调节器制造、家用通风电器具制造、家用厨房电器具制造、家用清洁卫生电器具制造、家用保健护理电器具制造、家用电力器具专用配件制造、其他家用电力器具制造、通信终端设备制造、广播电视接收设备制造、专业音响设备制造、应用电视设备及其他广播电视设备制造、电视机制造、音响设备制造、影视录放设备制造、可穿戴智能设备制造、智能车载设备制造、智能无人飞行器制造、其他智能消费设备制造、医疗监护及治疗设备制造、口腔科用设备及器具制造、医疗实验室及医用消毒设备和器具制造、机械治疗及病房护理设备制造康复辅具制造、其他医疗设备及器械制造等国民经济行业小类。

（十）智能网联汽车

1. 智能和网联汽车整车制造

指通过重庆市自动驾驶道路测试专家委员会评估认定的 L1 级及以上的智能汽车和网联汽车。其中，L1 级及以上的智能汽车（包括有前撞预警、盲点检测、自适应定速巡航、车道保持等功能的汽车）认定为智能汽车；应用信息通信（ICT）技术实现车 - X 的信息共享与控制协同的网联汽车（如前装车载 TBOX 的汽车、新能源汽车等），认定为网联汽车。涵盖汽柴油车整车制造、新能源车整车制造、汽车用发动机制造、改装汽车制造、低速汽车制造、电车制造等国民经济行业小类。

2. 核心零部件及相关设备制造

智能网联汽车核心零部件包括电机、发动机制造、新能源汽车储能装置制造、电控系统制造、智能网联传感及决策控制器制造，其中，电机、发动机制造指插电式混合动力汽车用发电机、发电机组以及将电能转换为机械能的相关装置，包括永磁同步电机、交流异步电机、开关磁阻电机、电机永磁材料、专用硅钢片以及电机控制器（IGBT、膜电容等）的制造；新能源汽车储能装置制造指为汽车动力系统提供能量的相关装置，包括镍氢电池、锂离子电池、燃料电池、超级电容等各类储能装置及其管理系统等的制造；电控系统制造指新能源汽车车辆行驶中的主要执行结构，包含电池管理系统（BMS）、整车控制器（VCU）、电机控制器（MCU）等制造；智能网联传感及决策控制器制造指为智能汽车提供自动驾驶等智能化技术的传感设备及决策控制器，包括车载摄像头总成、毫米波雷达总成、超声波雷达总成激光雷达总成、域控制器总成等制造。涵盖汽车用发动机制造、发电机及发电机组制造、电动机制造、电子元器件与机电组件设备制造、锂离子电池制造、镍氢电池制造、其他电池制造、工业控制计算机及系统制造、其他计算机制造、工业控制计算机及系统制造、影视录放设备制造、智能车载设备制造、电子元器件与机电组件设备制造等国民经济行业小类。

（十一）智能制造装备

1. 增材制造设备制造

3D 打印是指依据三维 CAD 设计数据，采用离散材料（液体、粉末、丝、片、板等）逐层累加原理制造实体物件的技术设备。包括粉末/丝状材料高能束烧结或熔化成形、丝材挤出热熔成形、液态树脂光固化成形、液体喷印成形、片/板材黏结或焊接成形等。涵盖增材制造装备制造这一国民经济行业小类。

2. 重大成套设备制造

指具有技术先进、配套复杂、规模大等特点，由多台（套）设备组成，相互协调连续或自动地完成某项任务的生产设备系统，仅包括具有在线检测、优化控制、功能安全等功能的重大成套的石油钻采专用设备，具有特种参数在线检测、自适应控制高精度运动控制等功能的建筑材料生产专用机械、冶金专业装备，以及印刷、电子工业等专用成套设备制造。涵盖矿山机械制造、石油钻采专用设备制造、深海石油钻探设备制造、建筑材料生产专用机械制造、冶金专用设备制造、橡胶加工专用设备制造、塑料加工专用设备制造、木竹材加工机械制造、设备制造、印刷专用设备制造、纺织专用设备制造、其他电子专用设备制造、拖拉机制造、其他专用设备制造等国民经济行业小类。

3. 智能测控装备制造

指具有深度感知、智慧决策、自动执行功能的高档数控机床，仅包括智能数控金属切削机床、金属成型机床及附件等制造。涵盖金属切削机床制造、金属成形机床制造、铸造机械制造、金属切割及焊接设备制造、机床功能部件及附件制造、其他金属加工机械制造、工业自动控制系统装置制造、实验分析仪器制造、试验机制造、供应用仪器仪表制造、其他通用仪器制造、其他专用仪器制造等国民经济行业小类。

4. 其他智能设备制造

涵盖金属表面处理及热处理加工、其他未列明金属制品制造、生产专用起重机制造、生产专用车辆制造、连续搬运设备制造、其他物料搬运设备制造、其他未列明通用设备制造业、农副食品加工专用设备制造、机械化农业及园艺机具制造其他农林牧渔业机械制造等国民经济行业小类。

5. 智能关键基础零部件制造

指为各类智能设备配套的关键基础零部件的制造。涵盖液压动力机械及元件制造、液力动力机械及元件制造、气压动力机械及元件制造、滚动轴承制造、机械零部件加工、其他通用零部件制造、其他未列明通用设备制造业、微特电机及组件制造、整流器和电感器制造等国民经济行业小类。

6. 智能制造相关服务

涵盖通用设备修理、专用设备修理、仪器仪表修理等国民经济行业小类。

（十二）数字内容

1. 数字内容设计与软件开发服务

指基于文化资源基础，运用现代数字、网络、通信等技术进行的文化价值创造和传播服务，图形图像处理软件、多媒体处理软件、语言文字处理软件、地理信息系统软件、游戏动漫软件、数字出版软件等的开发。涵盖应用软件开发、规划设计管理、工业设计服务、专业设计服务等国民经济行业小类。

2. 地理信息加工服务

指运用数字化技术，对地理信息进行采集、编辑、校准、校正、管理等，以满足各种应用需求的服务。涵盖地理遥感信息服务、其他数字内容服务等国民经济行业小类。

3. 数字动漫制作服务

仅包括数字动漫研发制作活动。涵盖动漫及游戏数字内容服务、其他数字内容服务、专业设计服务等国民经济行业小类。

4. 数字游戏制作服务

仅包括数字游戏研发制作活动。涵盖动漫及游戏数字内容服务、其他数字内容服务、专业设计服务等国民经济行业小类。

5. 其他数字内容制作服务

涵盖地理遥感信息服务、动漫及游戏数字内容服务、其他数字内容服务等国民经济行业小类。

6. 数字广播影视及视听内容服务

指为以数字技术为基础的广播、影视、录音等内容提供服务。主要包括数字广播节目内容制作、数字电视节目内容制作（含标清、高清、超高清数字电视节目内容制作）、数字电影制作、数字音视频制作。涵盖其他数字内容服务、广播、电视、影视节目制作、录音制作等国民经济行业小类。

7. 数字化娱乐服务

指利用互联网平台提供歌曲点播伴奏社交服务、利用移动式歌咏设备提供歌曲点播伴奏服务和在特定场所内面向消费者提供的虚拟现实、增强现实体验服务。涵盖互联网其他信息服务、其他数字内容服务、电子游艺厅娱乐活动等国民经济行业小类。

8. 数字新媒体服务

包括数字内容中的数字新媒体活动和运用专业设备，通过互联网、移动互联网等信息网络，面向公众实时传送营业性演出现场音视频的服务。涵盖互联网其他信息服务、其他数字内容服务、电影和广播电视节目发行等国民经济行业小类。

9. 数字广播影视及视听节目服务

指数字广播、电视、电影的播出、放映服务活动以及通过互联网向公众提供视听节目和为他人提供下载传播视听节目的服务活动。利用公共互联网（含移动互联网）向计算机、手机用户提供的各类视听节目服务，包括时政类视听新闻节目首发服务；时政和社会类视听节目的主持、访谈、评论服务；自办新闻、综合视听节目频道服务；自办专业视听节目频道服务；重大政治、军事、经济、社会、文化、体育等活动、事件的实况视音频直播服务；时政类视听新闻节目转载服务；文艺、娱乐、科技、财经、体育、教育等专业类视听栏目的主持、访谈、报道、评论服务；文艺、娱乐、科技、财经、体育、教育等专业类视听节目的制作（不含采访）、播出服务；网络剧（片）的制作、播出服务；电影、电视剧、动画片类视听节目的汇集、播出服务；文艺、娱乐、科技、财经、体育、教育等专业类视听节目的汇集、播出服务；一般社会团体文化活动、体育赛事等组织活动的实况视音频直播服务。涵盖互联网其他信息服务、广播、电视、广播电视集成播控、电影放映等国民经济行业小类。

10. 网络出版服务

利用数字技术进行内容编辑加工，并通过网络传播数字内容产品的出版服务，包括网络社会科学出版服务、网络科学技术出版服务、网络文学出版服务、网络艺术出版服务、网络动漫出版服务、数字教育出版服务、数字阅读服务、网络游戏出版服务、网络音视频出版服务、网络软件出版服务、网络地图出版服务、数字音乐出版服务、网络文献数据库出版服务等。涵盖互联网搜索服务、互联网游戏服务、互联网其他信息服务、数字出版、其他出版业、图书出版、报纸出版、期刊出版、音像制品出版等国民经济行业小类。

11. 数字创意与融合服务

指数字创意在文化领域的应用。涵盖其他数字内容服务、互联网广告服务、其他广告服务、科技会展服务、旅游会展服务、体育会展服务、文化会展服务、旅行社及相关服务、电子出版物出版、图书馆、文艺创作与表演、其他文化艺术业等国民经济行业小类。

12. 数字博物馆

指运用虚拟现实技术、三维图形图像技术、计算机网络技术、立体显示系统、互动娱乐技术、特种视效技术，将实体博物馆及现实展品、实物、解说、背景等，以数字博物馆（或数字）形式呈现在观众面前。涵盖互联网其他信息服务、博物馆等国民经济行业小类。

第三章　国外人力资源开发经验

人力资源管理是一门新兴学科，自 20 世纪 70 年代末问世以来得到了快速发展。人力资源管理没有一成不变的模式，美国、日本、德国等国家作为世界发达经济体的典型代表，人力资源管理活动已非常成熟，制定和实施的人力资源开发战略各具优势。印度是全球成长最快的新兴经济体之一，计算机信息服务出口总额位居全球第二，仅次于美国，在软件人才开发方面颇具特色。因此，本章通过对以上 4 个国家的人力资源开发特点及经验进行梳理，以期为我国智能产业人力资源开发带来一些启发与借鉴。

第一节　美国的人力资源开发

美国位于北美洲，总面积 937. 3 万平方千米，是目前世界上唯一的超级大国，在经济、文化、工业等领域都处于领先地位。据世界银行统计，2019 年美国 GDP 达到 21. 43 万亿美元，继续位居世界第一。美国不仅是经济强国，也是人才强国，已经形成了一套成熟且具有美国特色的人力资源价值实现机制，为美国国家战略实施提供了强有力的支撑。

一、美国人力资源概况

（一）人力资源数量

据世界银行和国际劳工组织数据库数据显示，2018 年底，美国总人口为 3.27 亿，约占世界人口的 4.3%，增长率为 0.6%，低于世界 1.1% 的平均增长率。其中，劳动力人口为 16945 万，就业人数为 15576 万。

（二）人力资源结构

2018 年底，从地区分布来看，美国城市人口占比为 82.3%；从性别分布来看，女性人口占比为 50.5%；从年龄结构来看，0～14 岁人口占比为 18.8%，15～64 岁人口占比为 65.4%，65 岁以上人口占比为 15.8%。从就业人员产业结构情况来看，第一产业、第二产业和第三产业就业人员占比分别为 1.6%、19.4% 和 79.1%。

（三）人力资源质量

据世界银行数据显示，2016 年，美国公共教育经费支出占 GDP 的比重为 5.0%，研究与开发经费支出占 GDP 的比重为 2.7%。每百万人中研究人员数为 4256.3。2017 年，高等教育毛入学率为 88.2%，远高于 37.9% 的世界平均水平，国民平均受教育年限为 13.4 年，远高于世界 8.4 年的平均水平，说明美国人力资源质量居于世界前列。

（四）人力资源变化趋势

1. 就业人口结构变化

美国的劳动人口结构近年也发生了变化，女性就业人数在过去 10 年中稳步增长。2018 年，女性劳动参与率为 66.8%，远高于世界 53.1% 的平均水平。此外，美国劳动人口的老龄化趋势越加明显，很多企业都采取了相应的策略，比如鼓励退休员工继续留在企业供职、吸引已退休的员工重回企业等。

2. 失业人口急剧增多

随着知识经济一体化的不断深入，全球化与技术进步带来的竞争压力给人力资源管理环境带来了新的冲击。受 2008 年次贷危机影响，美国 2009 年失业率上升到了 10.2%。近十年来经济慢慢复苏，失业率逐年下降。美国劳工部公布的数据显示，2018 年美国的失业率降至 3.9%，创下近 18 年来新低。但受疫情影响，2020 年 4 月美国非农就业岗位减少 2050 万个，失业率飙升至 14.7%，为 20 世纪 30 年代经济大萧条以来最高值。美国财政部长表示，美国实际失业率可能高达 25%，远高于公布的 14.7%，美国就业市场形势变得十分严峻。

二、美国的人力资源开发特点

1954 年，美国管理学家 Peter Druker 提出了人力资源管理的概念，斯坦利·希利（1996）把美国人力资源管理概括为四个发展阶段，第一阶段为工业化时代，第二阶段为工会成长时代，第三阶段为人力资源管理，第四阶段为战略人力资源管理。在发展过程中，产生了许多人力资源管理理论，并指导着美国的人力资源管理实践，主要有 7S 理论、企业文化理论、组织具有生命周期理论、A 战略、人与效益的关系七步骤等，随着人力资源管理的日益发展，人力资源开发逐渐走上了专业化和制度化的轨道，美国在此基础上创立了一套成熟的具有美国特色的人力资源开发模式，其特征如下：

（一）市场化配置作用突出

美国的市场经济发达，其良好运转很大程度上得益于劳动力市场对于人力资源的市场化配置。美国劳动力市场是人力资源配置的主要场所，人力资源的自由竞争是美国人力资源开发最显著的特点。美国的劳动力市场发达，企业等商业组织具有很强的开放性。市场机制在人力资源配置中起基础性作用，在劳动力资源的市场配置中也起着非常重要的中介作用。目前全美人力资源中介组织近 20000 家，市场化机制也对以个人能力实现职业流动或工作转换的员工给予了充分的尊重和肯定。

市场机制可以更有效地发挥运用资源，减少资源浪费的作用，加上美国公民在择业时自由度较高，所以美国人力资源市场化程度较高，使人力资源可以达到优化配置。在美国，不同的雇主特别是公司通常使用基于市场的机制来决定各级雇员的工资水平。首先，根据供需关系和劳动力市场的供给和需求的平衡情况，确定各种技术的工资水平、管理职位和熟练工人或其他各级岗位制定的基本依据，即各种各级人力资源的工资水平。其次，公司本着吸引人才、保持外部竞争和内部平衡的原则，参照劳动力市场相关岗位的最新工资价格水平，自主决定公司各级各类岗位的工资价格。最后，管理层和员工以工资谈判为基础，通过合同确定员工和管理层愿意接受的工资价格水平。

市场机制可以动态调整人力资源的配置和供求关系，进而决定各级各类人力资源的工资价格水平。在美国，各种雇主特别是公司向社会劳动力市场发布人员需求信息，然后以公开、公平和完全双向选择的市场导向方式招聘和雇用各类员工。这样，所有的准劳动力都可以通过劳动力市场实现正式就业。劳动者还可以根据自己的兴趣、专长或能力找到新的、更理想的职业机会，进而通过劳动力市场实现职业流动性以及工作转换。

（二）价值实现的企业用人制度

美国企业管理的基石是契约和理性。一方面它重视刚性的制度安排，另一方面重视个人的能力。无论资历如何，大家都很融洽，没有歧视，其人力资源管理是高度专业化和制度化的。美国人力资源管理体系的各个层次和领域，无论是人力资源开发、规划、招聘选拔与评价，还是绩效考核、控制与管理，都已经成熟，具有美国特色的体系十分系统化和科学化。

以薪酬管理为例，美国公司的工资是基于劳动分工的。不同的工作级别、不同的职业、不同的岗位类型、不同经验的管理者有着不同的职业要求和不同的工资水平。美国公司通常采用市场机制来决定员工的工资水平，一般实行岗位工资制度。企业的薪酬方式多样化，员工激励以工资为基础，工资主要根据工作内容和对公司经营效率的贡献来确定。

美国企业有两个非常独特的人才激励机制，即经理的股票期权制度和员工股份所有制。目前，美国对高级管理人员的长期激励占很大比例，超过50%的美国公司使用长期激励计划。以美国一家年产值超100亿美元的大公司为例，其CEO的薪酬构成如下，基本年薪占17%、奖金占11%、福利计划占7%、长期激励计划占65%。在过去的20年里，很多公司采用这种长期的激励措施，极大地促进了美国公司竞争力的提高。此外，员工持股制度作为完善公司治理结构、提高员工劳动积极性和公司凝聚力的又一手段，越来越受到人们的重视。

（三）完善的大学生创业教育体系

创业教育是指培养具有开创性的个人，早已在很多国家广泛推行。自20世纪90年代以来，美国高校创业教育的发展进入成熟阶段，成为世界上实施创业教育成功的国家之一，大学生创业已成为推动美国经济发展的重要力量。据统计，超过一半的美国硅谷公司是由斯坦福大学的学生和老师创立的。斯坦福大学的全面创业教育措施，创造了一个活跃的创业力量——硅谷斯坦福大学的教师和学生。在硅谷，来自斯坦福大学的人才随处可见。他们不仅是高科技企业创新和研发的骨干力量，也是许多服务机构的骨干力量，如风险投资、法律、会计和猎头公司等专业服务机构。这些机构大多是由大学生创办的，他们的业务重心就是为初创企业打理耗时的琐事，让初创企业专注于新技术的开发和产业化。可以说，硅谷到处都有斯坦福大学的影子。斯坦福大学实际上已经成为硅谷发展的重要人才智库，为硅谷的发展奠定了智力基础。在创业教育开展最早和最为完善的美国大学中，除以培养系统创业知识为主的斯坦福大学外，还有以培养创业意识为主的百森商学院和以培养实际管理经验为主的哈佛大学，它们都是美国高校创业教育的典型模式。

三、美国的人力资源开发

美国要保持超级强国的地位，前提是其美国的社会经济发展情况相对其他国家来说必须比较稳定和繁荣，需要强大的人力资源支撑其实现总体战略。为此，美国高度重视人力资源开发，并实施了如下开发战略。

（一）实施教育优先战略

美国人力资源整体素质的提升依赖于对各种教育的投入及重视。美国在培养人才方面，实施教育优先战略，对普及基础教育及高等教育的投资都不遗余力。美国的教育优先战略涵盖各类型教育、职业培训和持续教育，以提升国民整体素质，构建学习型社会。

重视对学校教育投资。2019年，美国的教育财政支出高达1.14万亿美元。美国政府对学校教育投资的重视，使得美国的平均教育水平居于世界前列，在联合国的经济指数调查中，将美国的教育水准列为世界第一。美国有约5800所大学，许多高等院校有非常强的竞争力。QS发布的2020~2021年世界大学排名前500名的大学中，美国占86所，前20名中，美国占10所。

重点扶持职业技能教育及培训。通过职业技能培训，劳动者掌握了一定的技术，在其就业能力上提高了其竞争力。美国联邦政府每年向各州提供职业教育专项补助经费，并进一步建立和完善了职业教育的资格证书制度和资格鉴定制度。美国高等教育中最大和最有活力的一个办学层次称为社区学院，其目标是培养大批训练有素的技术人员和普通劳动者，为高层次人才培养提供后备军。同时，对于失业工人及一些弱势群体，美国政府也会对其制订培训计划，提高他们的生活能力。

重视继续教育。据有关数据显示，美国政府每年用于全民培训的经费达1000亿美元，每年接受教育的人数达2300万，其中工程师超过50万。美国的《成人教育法》要求所有的雇主每年至少要将其雇员工资总额的1%用于员工的教育和培训，并逐年增加。对于不符合标准的公司，他们必须提交每年员工工资总额的10%用作国家技能发展基金。此外，为了鼓励企业对员工进行继续教育和培训，联邦政府还提供税收优惠政策，允许企业将教育支出列为成本，并予以免税。

（二）建立人才奖励制度

美国不仅对人才给予慷慨的待遇，而且建立了较为完善的人才表彰和奖励制度，对有贡献的人才给予物质和精神上的奖励。在美国有许多类型的奖项，主要包括以下三个类别：

国家科学技术奖。包括国家科学奖、国家技术奖、沃特曼奖和费姆国家发明奖等，主要奖励活跃在美国各个学科前沿的科学家和有特殊贡献的人才。国家科学奖由总统亲自颁发，主要颁发给在物理、化学、生物、数学和社会科学领域做出突出贡献的科学家；国家技术奖由总统亲自颁发，以表彰在先进技术和提高美国技术竞争力方面有特殊贡献的人才；华特曼奖由美国国家科学基金会设立，主要奖励活跃在美国各学科前沿并取得成就的青年科学家；发明人霍尔奖是由美国专利协会和美国商务部专利局共同设立的，主要表彰对专利发明做出突出贡献的人才。

非政府学术组织颁发的科学技术奖。它是由美国科学促进会、美国化学学会和纽约科学院等机构建立。其中，美国化学学会设立的奖项数量最多，共有43个奖项，其中30个属于化学学科，其余分别是教育、技术、管理和特殊事件奖。民间学术组织奖项的奖励资金主要来自个人捐赠或慈善组织捐赠。

公司技术奖项。公司科技奖在美国有一定的影响力和声誉，主要由IBM公司、西屋电气公司、国际收割机公司等建立。例如，由美国西屋电气公司设立的西屋科学天才奖在美国享有很高的声誉。该奖项由西屋电气公司资助，每年都会举行一场资助比赛，奖励在自然科学、行为科学、社会科学和工程技术学等方面做出成绩的高中毕业生，以提高他们的研究能力。此外，美国的一些跨国公司也在高校设立了奖学金，奖励表现优异的学生，从而提高企业的知名度，吸引潜在人才。

（三）重视高级人才引进

美国是一个移民国家，不仅自己重视培养人力资源，而且不断调整相关的人才引进政策，在世界范围内广泛吸引顶级资源为其所用，把大批国外专才成功吸引到美国发展、学习和工作，这是美国人力资源开发政策的最大特点。

在吸引人才方面，美国欢迎世界各地的高学历、高素质人才到美国工作，因为培养人才难免会有滞后现象出现，积极吸引人才政策可以弥补美国人才数量的不足。美国政府锐意发展美国科技经济，调整移民法规与留学生政策，敞开国门，广迎人才，通过修改移民法规，放宽移民条件、简化移民手续，为一些外国高新技术专家进入美国社会提供便利，不仅吸引了大量发展中国家的优秀人才，也吸引了一大批发达国家的高尖人才。目前，美国拥有博士学位的科学家和工程师有38%出生在外国，一线研究人员超过1/3出生在国外。

随着新科技革命的发展，美国高新技术人才尤其是信息技术人才严重短缺，为缓解人才危机，美国对与移民法规密切相关的留学生教育政策也做了较大的调整。调整后，在美留学的外国学生可以纳入美国的国际人才资源开发池。美国先后实施了富布赖特计划、《国际教育法》等，为世界各地的学生和学者提供赴美留学奖学金，并扩大了与外国的留学生交换项目。同时，为了吸引优秀学生留在美国，美国政府给予他们入籍的优惠待遇。2018～2019 年，美国高校国际学生数为 109.53 万，已连续四年超过 100 万，仍是全球最大的国际留学生目的国。这些人毕业后大多数都留在美国就业。外国留学生大量进入美国，进一步充实了美国国际化人才资源的储备库。

（四）政府指导宏观开发

美国以市场机制配置人力资源，政府的人力资源管理部门把主要精力放在研究政策和制定政策上，主要通过制定法律并通过法律手段进行规范管理，而不直接对人力资源市场进行微观操作层面的干预。在人力资源配置和人才就业、人才市场活动方面，从联邦到地方各州，都分别制定了很多法律，就拿全国性的法律、法规就有《民权法》《反种族歧视法》《退休法》《保健和安全法》《工作调整和再培训通知法案》《提供就业机会雇主减税法案》《劳动人口投资法案》等。这些法律法规规范了人力资源中介服务业，形成了良好的法制环境。美国实行高度市场化的市场经济体制，人才配置、人才就业在法律允许的范围内，比较充分地发挥出了市场机制的作用，人力资源配置达到了高度市场化。

美国联邦政府还通过出资聘请人力资源管理专家对管理过程中的各个环节和流程进行细节设计，并指导地方政府和企业进行人力资源的规划与招聘、人才质量的核定、岗位测试与人才培训、人才效能的激发与开发。另外，美国还有一个机构——国家人才制度保护委员会，该会每隔三年对人才体制、人才体系的运作效益、人才价值的使用程度等，进行较为标准的质量评估，形成专题报告，分析国家在人才工作管理中的经验与不足，提出解决问题的方案和对策，并且呈报给总统。

（五）企业主体进行开发

美国的大企业都非常重视深入开展人力资源开发和培训。他们认为，学校普通教育水平很难满足企业对于工作技能的具体、多元、多变的实际要求，因此应采取措施进行员工培训和开发，以不断提高各级各类人力资源的工作适应能力。

20 世纪 80 年代中后期以来，美国企业界投入职工教育培训的支出总额就已经超过联邦政府每年在全国国民教育方面的总预算。美国企业从竞争战略角度对人力资源的培训和再培训给予了更多的重视。美国企业员工在入职后，首先要接受系统的职前培训，在正式进入工作后，企业员工还需要不定期接受在职培训（OJT）。近些年来，随着科学技术的迅猛发展和劳动生产率的极大提高，劳动密集型企业日渐减少，一些大企业已经开始深刻认识到，人力资源在企业经营方面将日益发挥重要作用，企业必须通过开展广泛的人力资源培训以不断提高员工素质，才能使美国企业在实施竞争战略中持续保持优势地位，并且既要重视技术、管理人才，还要重视具有娴熟操作技能的基层员工的培训开发。

一直以来，美国企业十分重视员工培训，重视学习和创新能力的培养，提倡高效、有针对性的培训，投入了大量资金。据有关资料统计显示，全美有97%的企业为其员工制定了培训开发计划，且企业平均在培训上的投资达到工资总额的2%的水平。对人才培训是回报率最高的投资而不是消费这样的观念得到了企业的普遍认同。美国企业人才培训的主要内容，包括三个方面：一是继续教育工程，目的在于帮助企业优秀人才再修学位、提高学历层次，一般全部或部分费用由公司支付；二是职业发展，通过培训帮助优秀人才择业，实现更好发展；三是特殊培训，对一些特殊岗位人才进行专门培训。此外，很多美国企业还通过创办企业大学的形式，既为企业职工的终身培训服务，又对最新科学运用起到有力推动作用，从而进一步发掘职工智力潜能，还可以促进科学技术水平的持续提高。

第二节　日本的人力资源开发

日本位于东亚，总面积37.8万平方千米，是世界上最发达的几个资本主义国家之一。日本经济高度发达，国民拥有很高的生活水平。据世界银行统计数据显示，2019年，日本GDP为5.08万亿美元，位居世界第三。日本服务业、科技产业发达，是全球经济、科技最发达的国家之一。强有力的人力资源开发是“二战”后日本经济在短时间内恢复和发展的支撑要素之一。日本经济发展史离不开日本人力资源的开发，可以说也是人力资源开发史。日本人力资源开发通过提高职业技能教育和提高健康水平两条路径，不断提高劳动力质量，这是日本在严重老龄化背景下仍能保持经济增长的基本潜质。

一、日本人力资源概况

（一）人力资源数量及结构

据世界银行和国际劳工组织数据库数据显示，2018 年底，日本总人口为 1.27 亿人，约占世界人口的 1.7%，增长率为 -0.2%，人口已连续多年出现负增长。其中，劳动力人口为 6709 万，就业人数为 6664 万。

（二）人力资源结构

2018 年底，从地区分布来看，日本城市人口占比为 91.6%；从性别分布来看，其中女性人口占比达到 51.2%；年龄结构方面，0 ~ 14 岁人口占比为 12.8%，15 ~ 64 岁人口占比为 59.7%，65 岁以上人口占比为 27.5%；从就业人员产业结构情况来看，第一产业、第二产业和第三产业就业人员占比分别为 3.4%、24.5% 和 72.1%。

（三）人力资源质量

据世界银行数据显示，2016 年，日本公共教育经费支出占 GDP 的比重为 3.5%，研究与开发经费支出占 GDP 的比重为 3.1%。每百万人中研究人员为 5210.0 人，每百万人中技术人员为 502.6 人。2017 年，高等教育毛入学率为 63.6%，远高于 37.9% 的世界平均水平，国民平均受教育年限为 12.8 年，远高于世界 8.4 年的平均水平，说明日本人力资源质量居于世界前列。

（四）人力资源变化趋势

1. 人口老龄化程度加剧

日本的人口增长率在 1972 年达到峰值 2.2%，其后开始逐年下降。1976 ~ 2006 年，日本总生育率逐渐下降至 2% 以下，人口增速逐渐放缓，人口总量维持缓慢增长。从 2008 年以来，日本人口总体进入负增长阶段，人口规模持续缩减，老年化较为凸显。2018 年，老龄人口比重达到了 27.5%，人口抚养比达到 67.6%，人口老龄化程度进一步加剧。

2. 女性就业人口增多

随着日本“女性经济学”政策的推动和社会意识的不断觉醒，近十年来日本女性劳动参与率呈逐年递增之势。2000～2018 年，女性劳动生产率由 59.5% 上升到 69.8%，但受风俗传统影响，日本仍有不少女性劳动力人口主动或被动选择不从事工作，2018 年日本女性的劳动参与率显著低于全国 77.9% 的平均水平，体现了婚育期间女性就业不充分的状态，反映了日本性别分工的社会特点。

3. 服务业从业人员持续增加

日本第三产业在经济中的地位持续上升。过去 10 年，服务业吸纳的就业岗位总体呈上升趋势，而农业和制造业的就业岗位一直在缓慢下降。人力资源就业结构的产业分布反映了三次产业结构变化的一般规律。日本农业就业人口和工业就业人口持续减少，特别是制造业和建筑业就业人数减少幅度较大。服务业就业人口持续增长，其中健康与社会工作、房地产、信息通信三个领域的就业人数增长最快，也带动了相关行业的就业增长。

二、日本的人力资源开发特点

日本在其独特的社会、历史传统和特定的国内外环境中，在市场体系、企业运作、政府宏观经济管理等方面形成了一些与欧美国家不同的制度和做法。日本的人力资源开发也显著不同，具有突出的东方特点。

（一）重视国民教育

首先，日本倡导教育立国的教育观，其教育水平一直走在世界的前列。“二战”后，日本进行了教育改革，提出有关普及教育、改革课程、扩充职业教育和高等教育、培养技术人才等方面的规划，使各级各类教育都得到相应的发展。其次，日本提倡素质教育。不仅教授学生基本的理论知识，还注重学生的社会实践能力的锻炼，将探求科学的精神和传统的人文素质、现代的环保意识相结合，使学生得到全面的教育。为达到这一目标，日本特别重视对教师的培养，在日本只有获得教师资格证书的人才有资格被录用为教师，教师属于国家公务员编制，且待遇优于公务员，在日本是很受尊重的职业之一。最后，职业技术教育在日本的学校教育中占有很重要的地位。目前在日本已经形成比较成熟完整的职业教育技术网，包括各层级的职业技术教育，如职前教育、在职教育、转业教育等。通过职业技术教育，日本的青年学生不仅具备某种社会职业所需要的基本知识和基本技能，同时认识到自身完成社会责任的使命。

（二）市场化程度低

日本企业有三大特点，终身雇佣制、年功序列制、企业工会制。其中，终身雇佣制是根基，年功序列制是终身雇佣制的重要内容，企业以从业人员在本企业的连续工作年限确定增加工资和提升职务。企业工会制则是终身雇佣制的重要补充，职工只要在企业工作就会自动成为工会会员，一旦退休或离职则会失去会员资格。终身雇佣制、年功序列制和企业工会制能很好地激发员工的积极性，保持了员工的稳定性，提高了企业效率，但因人力资源开发市场化程度低，劳动力市场未能充分发挥作用。这种体制具有封闭和不完全竞争的特点，是日本市场经济和企业经营的重要特点和基础，对促进和实现高速增长起到重要的作用。然而，在这种人力资源观念指导下，日本企业里的员工流动率低，更换工作的人很少，日本企业里有新的工作需要时，会尽量通过重新培训已有的员工，通过内部调节来满足需要。随着国内外环境的变化，上述制度和惯例的弊端不断显露，有的已难以发挥作用甚至阻碍了经济社会的发展，直接影响了日本的人力资源开发。近年来，日本人力资源开发也开始呈现一些新特点，逐渐引入能力主义和业绩主义，以终身制为基础，采用多种形式的雇佣方式，推行“基本工资+业绩工资”的职务能力工资制。

（三）企业人才开发

企业参与人力资源的开发是世界各国的普遍做法，日本企业参与人力资源开发的程度比一般国家大得多。日本企业普遍认为，企业培训是提高企业核心竞争力的关键要素，企业需要对员工进行持续的培训、教育和开发。伴随日本经济的高速增长，他们探索形成了一套适合自身国情的、日趋完整的职业技能培训体系，以提高普通工人的生产能力，并引进先进经营管理经验提升中高层职员的管理能力。许多日本企业投入了大量的资金开发各类人力资源，主要有三种类型的开发活动，包括在岗培训、脱产培训和自我启发。在岗培训既针对新录用员工进行，也针对全员进行，即通过“干中学”来提升员工职业技能。同时，日本企业大都建立了岗位轮换制度，通过有计划的岗位工作轮换安排，增强和提升员工的实践能力。与在岗培训相对应的是脱产培训，培训内容十分广泛，包括管理知识、财务会计、办公自动化、技术技能、品质控制、机械操作、商务礼仪、沟通能力、法律知识、公共关系等。自我启发是指劳动者为了继续职业生活而自发地开展职业能力的活动，实现方式较为多样化，以自学最为常见，企业和政府会给予一定的补助（王胜今，2018）。

（四）和谐劳资关系

日本所有企业都特别注重对员工的开发，如根据员工自身的特点和优势为员工制定符合他们自身发展的职业生涯规划，根据职业生涯规划结合工作实际，对员工进行行之有效的培训。另外，在日本政府还积极推行终身教育。对员工的培训几乎已成为日本的一项战略任务，也是企业文化不可分割的部分，许多机关和企业都把员工的培训分为短期培训、中长期培训和长期培训，并且配置以相关的制度和规范，以确保有效的实施。由于受传统家族企业的影响，日本企业历来重视“和”的本质，重视群体的力量，重视集体意识、民族意识和民族意识的培养。在这种思想的支配下，公司尊重每一位员工的意见，非常注重情感投入，使员工对企业有强烈的归属感；也因为这种思想的支配，员工可以为公司牺牲自己的利益。员工会努力培养各种能力，使自己能跟上企业的发展，并能迸发出极大的热情。与此同时，许多日本公司的经理也在工会中担任职务。这样，企业管理者和工会负责人就更容易相互了解和沟通，有助于解决劳资双方的矛盾和分歧。员工对企业经营的及时了解和对公司的依赖，使员工更愿意、更容易与公司合作，形成了日企合作的劳资关系。日本企业工会在建立和谐劳动关系、促进企业发展和人力资源开发等方面发挥了积极作用。

三、日本的人力资源开发经验

日本人力资源开发战略的目标是建立一支世界第一流水平的科研队伍，期望以科技推动经济、以经济助力科技，为日本“科技创造立国”的总体战略提供优质和适量的人力资源。

（一）重视各级各类教育

政府强有力的支持是搞好教育的基础，成熟完善的教育体制是提高人力资源素质的重要保证。一是日本政府重视基础教育。日本的基本教育体制与我国的教育体制是一样的，都实行6－3－3－4制，即小学6年、初中3年、高中3年、大学4年的教育体制，但日本的教育一直走在世界前列。日本政府承担了教育的主要责任，很早就实行九年义务教育免费，还提供免费午餐，使得日本九年义务教育和高中的普及率非常高。二是加强中等职业教育和职业高中教育。职业技能教育是日本强化人力资源开发的基础性途径，为企业和社会培养了大批的应用型人才。日本的《人力资源开发促进法》明确了三种主要培训类型，每种类型的工作和每种职业培训都有相应的标准和课程。该法还允许其他形式的教育和培训机会，以满足工人发展职业技能的需要。

（二）政府提供服务保障

政府在日本人力资源开发过程中扮演了重要的角色，政府不仅从战略上给予极大重视和政策倾斜，而且在政府职能上也充分体现了服务意识，为人力资源开发提供保障，进一步提高了人力资源开发的效率。日本政府对政府机关人员的考核标准之一是“市民第一”的意识，把如何对待市民、如何为市民服务、如何为市民解决问题等作为基本的行为考核标准。政府机关人员对每项工作都抱着精益求精的态度和服务的理念，体现出对人的尊重，为人力资源开发提供了良好的政务环境。此外，政府为鼓励人力资源开发，还通过就业保险，为人才提供保障，促进工人福利的提高，有效地防止工人失业，主要提供三项服务。一是为工人就业安定服务。即通过补贴企业工资费用，鼓励雇主减产时不解雇工人，为老年工人和为其他就业困难的工人创造就业机会。二是为工人福利服务。政府为那些因就业而迁移或调动到其他地区的工人提供住房，建立就业和安置研究所，设立职业指导中心，为工人提供娱乐设施。三是为开发工人的职业能力服务。这主要是通过对政府和企业的培训活动提供财政支持来促进人力资源的开发。

（三）传统文化推动

日本对传统文化的传承和吸收较好，对企业的用人理念也产生了非常重要的影响。日本企业文化的核心是尊重人、相信人，承认员工对企业的贡献。日本企业信奉“和为贵”以及忠诚的价值观，因此，日本企业重视经营理念对人力资源的强化作用。得益于日本特有的终身雇佣制，个人对集体的忠诚和归属心是世界上少有的。终身制将企业利益和个人利益挂钩，对员工实行定期考核，实行年功序列制度，与员工的工资和晋升挂钩，在考核中特别强调员工对企业的忠诚感、责任感和工作热情。而对考核不合格或者严重违反公司制度的员工实行解雇，对于考核合格的员工则转为终身制员工，只要企业不倒闭，终身制员工就可以在企业工作，这进一步增强了员工对企业的忠诚。此外，日本企业还强调将平等和良性治理的概念深深扎根于员工的心，从而激发每一位员工的强烈愿望，这样他们可以发挥自己的优势和潜力在所有方面与他人合作。

（四）推行人才开发计划

日本通过制定和推行三项人才开发计划，促进了科技人才开发。一是科技人才开发综合推进计划。以科技创造立国为理念，积极进行科技人才队伍建设。实施大量培养科技人才的国家战略，培养精通信息技术、环境、生物、纳米材料等前沿技术的人才，确保为企业提供足够的具有实践能力的技术人才。二是优秀的科研基地计划。日本每年从 50 所大学中遴选 100 多个重点科研项目，对其进行 5 年资助。这一计划使日本大学的科研更具战略性，有利于建立一流的人才培养基地，使一批国际拔尖人才脱颖而出。三是科技人才培养综合规划。该项目的目标是培养世界顶尖的创新研究人员，培养社会产业所需的人才，营造吸引各类人才、充分发挥其才能的环境。

（五）吸引高新技术人才

日本注重提高科研队伍素质，同时以雄厚的经济实力从世界各地招揽人才。一是全方面、多方式引进。日本经常利用国际学术会议和实验室项目邀请外国科学家赴日参观、讲座、旅游和短期研究，广泛吸引各学科国际精英赴日进行短期学术交流。二是引进海外优秀人才。人才国际化管理是世界经济发展的重要趋势。许多日本公司已经成为著名的跨国公司。这些公司雇用外国技术和管理人才的数量正以每年 20% 的速度增长。三是着力引进紧缺人才。日本政府对普通外国人在日本就业限制得相当严，但对短缺人才放宽了入境就业条件，以防止人才开发滞后。以信息产业为例，只要中国和韩国的 ICT 从业人员持有日本系统分析师或高级程序员资格，即使他们没有学位或工作经验，也可以申请技术居留资格。四是建立海外机构。日本瞄准西方发达国家的大学和国家实验室，通过在当地建立研究机构或进行资助等方式，高薪引进科技专家进行高科技开发和研究。

（六）校企合作培养人才

企业参与人力资源开发是世界各国的普遍做法，日本企业参与人力资源开发的程度远大于大部分国家。日本公司认为，公司可以培养出高素质的员工，使他们能够胜任公司的所有工作。日本形成了教育部门培养学生基本素质、企业培养员工专业技能的合作发展模式。为了确保企业能够获得高素质的员工，企业非常重视与学校的合作，日本大型企业与名校保持着密切的关系。为了让学生进入名牌大学，竞争激烈，学校在一定程度上起到了筛选人才的作用。在一所学校内，学校会根据学生的学习成绩、品德和技能情况，对学生进行排序，供公司择优选择。当员工进入公司时，公司首先要对员工进行“企业适应性教育”，以适应公司的发展，开展企业精神培训教育。企业适应性教育有很多方法，主要通过工作发展和能力发展来进行。日本企业教育通过多部门、多层次、多方向的教育，构成了一个完整的企业适应性教育体系。

第三节　德国的人力资源开发

德国地处欧洲中部，是欧盟人口最多的国家，也是欧洲人口最密集的国家之一。它的社会保障制度完善，公民的生活水平也很高。据世界银行统计数据显示，2019 年德国国内生产总值将达到 3.85 万亿美元，仍将是世界第四大经济体。“二战”后，德国提出了强化人力资源开发的战略，通过人力资源开发带动自然资源开发，促进全国经济、科技、社会持续、稳定、协调、高效发展。因此，德国从“二战”后的废墟中迅速崛起，成为领先的工业中心，重新确立了世界经济强国的地位，创造了著名的“经济奇迹”。德国的人力资本投资在经济复苏中发挥了决定性作用。通过投资，提高了教育文化水平，形成了高素质的劳动者队伍，提高了劳动生产率，促进了经济的快速发展。

一、德国人力资源概况

（一）人力资源数量及结构

据世界银行和国际劳工组织数据库数据显示，2018 年底，德国总人口约为0.83 亿，约占世界人口的1.1%，增长率为0.3%，处于一种极低的增长率状态，远低于世界1.1%的平均增长率。其中，劳动力人口为4342 万，就业人数为4194 万。

（二）人力资源结构

2018 年底，从地区分布来看，德国城市人口占比为77.3%；从性别分布来看，女性人口占比为50.7%；从年龄结构来看，0～14 岁人口占比为13.0%，15～64 岁人口占比为65.3%，65 岁以上人口占比为21.7%。从就业人员产业结构情况来看，第一产业、第二产业、第三产业就业人员占比分别为1.3%、27.1%和71.6%。

（三）人力资源质量

据世界银行数据显示，2016 年，德国公共教育经费支出占GDP 的比重为4.8%，研究与开发经费支出占GDP 的比重为2.9%。每百万人中研究人员数为4878.3，每百万人中技术人员为1952.3。2017 年，高等教育毛入学率为70.2%，远高于37.9%的世界平均水平，国民平均受教育年限为14.1 年，远高于世界8.4 年的平均水平。德国也是世界人口素质最高的国家之一，成功拿走了世界上一半的诺贝尔奖，这是德国与其他国家相比最大的优势，说明德国人力资源质量居于世界前列。

（四）人力资源变化趋势

1. 女性及移民就业率上升

德国的劳动人口结构近年也发生着变化，与其他欧盟国家相比，德国女性就业比例很高，2017 年为 1840 万人，占 20 ~ 64 岁女性人口的 75%。在欧盟国家中只有瑞典和立陶宛超过这个比例，不过德国的大多数女性从事非全时的工作。此外，来自前东欧、中东、北非等地区外来移民就业率的持续上升成为德国就业市场发展的另一趋势。就业人口结构的这些变化将导致人力资源管理发生变革。

2. 老龄就业人口持续增加

在德国，有越来越多的老年人就业，2016 年，65 ~ 69 岁人群的就业比例约为 15%。而十年前，在达到常规退休年龄的老年人中只有 7% 还在工作。德国老龄问题研究所预测，德国就业人口未来几十年将严重老化。为缓解人口老龄化给社会福利体系带来的重负，德国联邦议会于 2006 年 12 月通过法案，2012 ~ 2029 年，把法定退休年龄从 65 岁平稳地推迟至 67 岁。劳动力平均年龄的增长，将导致企业年轻员工短缺。预计到 2030 年，可能有约 300 万个岗位出现空缺。

3. 三次产业就业人口变化

德国第三产业吸纳的就业人数在近十年来总体呈上升趋势，全部就业者中有近 3/4 在服务业工作，而农业和制造业的就业人数在缓慢下降，制造业的就业人数越来越少，2018 年只占总就业人数的 27.1%。在服务业中，手工业扮演着重要角色，其中大部分是小型企业，大约有 550 万人在约 100 万家手工业企业就业。

二、德国的人力资源开发特点

相对于世界其他地区而言，欧洲各国的人力资源开发存在许多共同之处，但德国的人力资源开发模式也有自己显著的特色。

（一）发达的人力资源服务市场

德国的人力资源具有高度社会化和高度流动性的特点。据统计，德国每年有 700 万 ~800 万人的职业流动，年劳动力流动率高达 23%。德国劳动力市场是人才就业的主渠道。德国自 1922 年开始实行劳动力市场化，德国 16 个州的 50 多个地方劳动局成立了职业介绍机构，形成了全国性的人力资源市场体系。

目前，人力资源市场在德国是一个公开开放的机构。起初，这个市场由国家垄断。1994 年以来，政府面向私人开放职业介绍，劳动力市场发挥了重要作用。在德国，职员和工人的择业都是在人力资源市场内进行。各地人力资源市场人才供需信息基本实现了全国互联互通。除了衔接雇主和求职者之间的供求关系外，市场还提供培训、咨询和就业服务等各种服务。劳动力市场的服务范围很广，不仅服务本州或本地区，而且立足当地、覆盖全国。高度发达的人力资源市场有效地促进了人力资源的流动和合理配置。

（二）规范的人力资源开发法规

德国人以严谨著称，德国政府为了保障人力资源开发，促进人力资源流动，建立了严密、系统的法律体系规范人力资源开发。政府对人力资源开发利用的各个方面都制定了法律规定，对人力资源的聘用、考核、晋升、奖惩、培训、仲裁、工资福利、保护、退休等做出了立法规定，明确了政府各职能部门与人力资源开发利用有关的法律地位、相互关系和内容。同时，明确规定了政府以法律形式行使职能的运行模式，注重权力运行过程的程序化。此外，德国还建立了一套专业的司法机构。除普通法院外，增设人力资源开发利用法律保护和监督的专业法庭，更好地保障了人力资源开发体系的规范、顺利运行。

（三）健全的社会保障制度体系

德国实行社会福利市场经济体制，社会保障历史悠久，社会保障体系完备，为促进人才合理流动和社会稳定提供了重要条件。在这个保障体系中，包括以下几个方面。一是养老保险。法定养老保险是德国社会福利的支柱，保障雇员在退休后能够维持适当的生活水平。二是医疗保险。德国几乎所有公民都参加医疗保险，保险费由被保险人和雇主共同承担。三是意外伤害保险，在发生工伤事故和职业病时，通过法定意外保险提供保护和帮助。四是社会救助基金。不能自救或者不能获得救助的，可以领取社会救助金。正是因为德国构建了非常完善的社会福利保障体系，有效促进了全国人力资源的合理流动和优化配置，保障了德国经济的持续发展。

（四）独特的企业劳资协调机制

雇员参与决策制度是德国劳动关系的另一大特点。在西欧发达国家中，德国的员工参与决策制度起源最早，制度化程度最完整。德国公司的劳动管理协调制度是以劳动管理协议为基础的。根据《基本法》关于劳资协议协商自治的规定，劳资双方代表，即工会和雇主协会，有权决定劳动工资、福利、劳动条件以及不受国家干预的各行业从业人员的离职条件。劳资双方通过独立谈判，签订劳动管理协议。德国劳动协议包括劳动协议双方的权利义务、劳动关系的内容、劳动合同的订立和终止三部分。劳动管理协议具有法律约束力，是双方维护和发展各自利益的基础。因此，劳动管理协议具有保护、规范和稳定的功能。劳资协议一经签订生效，劳资双方均有义务在合同有效期内维持合同。如果劳资协议有效期届满，双方未能达成新的协议，将由劳资双方信任的中立人士出面协调、协商双方都能接受的条款，签订新一轮劳资协议。国家不得以任何形式强迫双方接受政府意见。当重大事件导致劳资双方发生重大冲突时，甚至当员工要求罢工时，工会和雇主协会往往会采用一套以双力妥协为特征的协调机制，促进劳资双方形成“社会伙伴关系”。

（五）科学的人力资源培训体系

德国人力资源培训体系拥有完整的架构，其主要内容包括以下几个方面：一是公务员培训制度。公务员培训的特点是着眼于公务员职业生涯的早期阶段，即在进入和开始工作之前，熟悉和掌握本职业的各种知识。联邦经济部规定，凡新入职人员都要接受入职培训；凡待提升的人员，在晋升前都要参加相应级别的晋升培训。二是企业员工的培训体系，这一体系的特点体现在增强企业国际竞争力上。员工都要根据岗位工作的需要，经常参加各类专业培训。三是社会的“终身教育”体系，这一体系的特点是“能力建设”，政府为适应产业发展对人才和技术的需求，政府大力发展职业教育和在职培训，积极开发人力资源，以提高全民素质，为产业发展提供充裕的高素质劳动力。

三、德国的人力资源开发经验

（一）科学规范的教育体系

德国通过持续改革和完善教育，形成了基础教育、高等教育、职业教育、继续教育四大支柱教育体系，并且与劳动力市场紧密联系、满足市场需求，为持续产出优质劳动力提供了有力保障。德国 6 ~ 18 岁实行义务教育，公立学校是免费的，私立学校也可以从州政府获得资助。德国教育从初中阶段就开始把学生进行分流。德国的中学分为全国普通中学、实践中学和文理中学三类，学生可以根据自己的特点选择适合自己的学校。实践中学和普通中学学习年限较短，能尽快就业，超过 80% 的学生选择这两个类别。其中，实践中学注重实践性课程教学，以技术理论和操作技能为核心，适合主动性强、模仿性强、动手能力强的学生。普通中学以完成九年义务教育为重点，通过开设劳动理论课和劳动技能课，培养学生掌握一些技能。另外，一些对理论研究感兴趣的学生选择上文理中学，毕业后可以进入大学深造。在德国，不同特点的学生进入不同类型的中学，强调理论学习和技术实践并重，加快科学技术向生产力转化，使一部分有技术专长的学生能够早日为社会服务。在德国，最受社会欢迎、就业率最高的不是普通大学的毕业生，而是高等职业学院的毕业生。

（二）“双轨制”职业教育

举世闻名的“双轨制”职业教育是德国人力资源开发最成功的地方，这种教育模式已在德国形成了完整的体系和网络。德国政府将职工教育放到战略高度上来认识，国家和经济实体共同负责实施职业教育。联邦政府负责校外职业教育。职业学校由州政府管辖，经费由州政府承担。“双轨制”职业教育，即在企业学习实际操作和在职业学校学习理论知识，两者并行进行，将教育体制和就业体制有机衔接起来，学生有双重身份，既是在校学生，又是工厂学徒工。学生需按高校专业的教学计划参与课程学习并接受学业考核，但没有寒暑假，与企业员工一样享受带薪休假（季靖等，2017）。此外，职业教育内容也紧跟市场需求，与市场紧密联系，通过职业咨询、签订合同等方式，使供需双方紧密相连，使学生在参加双轨制教育之前可以以合同的形式确定双向选择的结果，有效降低了德国青年人的失业率，保障了社会的稳定。

（三）企业重视人力资本投资

对人才进行教育投资会获得更高的回报，这一理念已经得到德国人的认可，因此，德国对人力资本的投资不断增加，总体呈持续上升态势。企业也很重视对员工的再培训，认为企业的竞争力和高绩效来自于员工。对员工进行教育投资是一项战略性投资，虽然短期内没有明显的效益，但长远来看会带来海量效益。德国的很多企业都在职业教育和培训方面投入了大量资金，大多数德国就业人员都参加过系统的职业培训，德国公司每年投入的职业培训费用相当于员工工资总额的4%。在德国，大公司和大企业普遍设有自己的员工培训中心。他们根据《联邦工人教育法》的规定组织职业培训。通常情况下，技术工人在车间工作5年左右，会要求到培训学校脱产（或在业余时间）参加为期一年或三年的技术人员培训。学习结束后，参加企业联合会考试，考试合格者将颁发硕士证书或技师证书。这种由企业联合会组织的非常正规的成人教育得到联邦各州的承认。

（四）企业经营人才培养

德国人普遍认为35岁以上的人才有资格担任中高层管理者，因此德国企业员工的晋升相对缓慢。在提拔企业经理时，德国企业强调技术第一。德国公司规定，在大公司工作的各级员工必须先在大学或职业学校接受基本扎实的传统技术培训。对企业经理的要求必须是技术毕业生，入职后，企业往往会把他们送到研究部门工作几年，然后到实际工作部门学习管理知识和经验，这就保证了企业的高级管理人员都是受过高等教育和有学位的人。目前，德国企业基本实现了专家治理。德国这种方法具有以下优点：员工可以对公司忠诚、便于领导层之间的协调、可以不断提高员工的技术水平。此外，德国企业还利用市场模拟培训公司，对员工进行各种形式的“再教育”。德国有1000家市场模拟培训公司，市场模拟培训公司涉及几十个行业。与真实公司不同的是，它不生产任何产品，所有的生产程序都是在纸上和电脑上进行的。模拟培训公司像许多中小企业一样，他们有经理、秘书和雇员，又分为原材料供应部、生产管理部、产品销售部、人事部和会计部，为人们提供了最直观、最实用的学习环境。

（五）重视国外人才的引进

为了保持德国科技创新强国的地位和不断创新的活力，德国政府在培养高层次科技人才方面制定并实施了一系列行之有效的政策和措施。德国高度重视引进和利用外国人才，采用“自由去留”等宽松的政策吸引人才，实行全球化策略，在全球范围内搜寻适合的高级人才。对高层次人才实行高薪制，享受优越的社会福利。同时，设立高端人才引进大奖，吸引世界顶尖人才到德国大学工作，如2008年推出的洪堡教席奖，从事实验科学的获奖者最高可获得500万欧元，从事理论科学的获奖者可获得350万欧元。奖金主要用于搭建研究团队和购置实验设备，每年不超过18万欧元的奖金可作为获奖者的工资。获奖的先决条件之一是承诺在德国大学工作5年。申请人的国籍不受限制，但必须是在国外顶尖大学或科研机构取得突出成绩的科学家。申请者国籍不限，但必须是已在国外一流大学或科研机构取得卓越成果的科学家。德国全球范围内的引才计划，有力促进了德国在全球范围内科研竞争实力的持续提升。此外，德国2020年3月1日生效的《专业人才移民法》，向拥有高校文凭和职业教育文凭的合格专业人才开放劳动力市场，简化了资质认证程序和签证申请程序，为专业人才提供了更好的未来发展空间。新法有望缩小德国就业人数的缺口，引导德国企业制定国际化的人才战略。

第四节　印度的人力资源开发

印度位于南亚，是世界第二人口大国、全球成长最快的新兴经济体之一，也是金砖国家之一。据世界银行统计数据显示，2019年印度GDP达到2.88万亿美元，超过英国成为世界第五大经济体，经济增长速度引人瞩目，但由于印度人口众多，平均国民生产总值却很低。印度是个多民族国家，宗教复杂，语言众多，最重要的官方语言是印度语和英语。IT和汽车制造业是印度目前发展最为强劲的两大产业，每年接收大量外国投资，2018年，流入印度IT业的风险投资翻了3倍，达到25亿美元。印度的IT业占据全球外包市场的67%，被形象地称为“世界办公室”。虽然整个制造业仅占印度经济的17%左右，但汽车制造业对印度经济的贡献率最高，占制造业GDP的22%，达到印度总GDP的7%。这两大行业也是印度最大的雇用行业，印度注重行业科技人才的全方位培养和开发，科技人才质量在世界上享有盛誉。

一、印度人力资源概况

（一）人力资源数量

印度是世界第二人口大国，和我国的人口数量非常接近。据世界银行和国际劳工组织数据库数据显示，2018 年底，印度总人口为 13.53 亿，约占世界人口的 17.8%，增长率为 1.0%，与世界 1.1%的平均增长率基本持平。其中，劳动力人口为 51235 万，就业人数为 36057 万。

（二）人力资源结构

2018 年底，从地区分布来看，印度城市人口占比为 34.0%；从性别分布来看，女性人口占比为 48.2%，男女性别比为 1∶1.07；从年龄结构来看，0～14 岁人口占比为 27.4%，15～64 岁人口占比为 66.4%，65 岁以上人口占比为 6.2%。从就业人员产业结构情况来看，第一产业、第二产业和第三产业就业人员占比分别为 43.9%、24.7%和 31.4%。

（三）人力资源质量

据世界银行数据显示，2016 年，印度公共教育经费支出占 GDP 的比重为 3.8%，研究与开发经费支出占 GDP 的比重为 0.6%。每百万人中研究人员为 216.2，每百万人中技术人员为 95.6 人。2017 年，高等教育毛入学率为 27.4%，大大低于 37.9%的世界平均水平，国民平均受教育年限为 6.5 年，低于世界 8.4 年的平均水平，说明印度人力资源质量还有待提升。

（四）人力资源变化趋势

1. 人口红利逐渐显现

相较中国、日本等亚洲大国开始进入人口深度老龄化，印度的人口红利才开始呈现，65 岁以上人口占比仅为 6.2%，在全球前十大经济体中占比最低，且印度拥有庞大的劳动力资源和较低的工资结构，劳动力成本位于最低国家前列，拥有大量受过高等教育的廉价劳动力，这极大地吸引了众多国际知名大企业的目光，苹果、富士康、小米、OPPO 等公司开始在印度设立研发中心和制造工厂。

2. 人口素质持续提升

在推动软件产业迅速发展的同时，印度也大力推行义务教育，人口识字率逐年提升。2018 年，15 岁及以上的识字率已达到 72.14%，而整体青年识字率更高，为 89.65%，其中男性和女性的青年识字率分别为 91.83% 和 87.24%。同时，印度扩大高等教育招生数量，各行业科研人才不断涌现，在天体物理研究、空间技术、电子技术等方面都表现出较高的研究水平。英语普及程度也逐年提高，人口素质持续提升。

二、印度人力资源开发特点

（一）以培养软件人才为国策

印度前财政部长亚什万特·辛哈提到：印度有三种经济，一种是以信息技术为驱动的新经济，另一种是以砖瓦匠为代表的旧经济，还有一种是以老牛车为代表的更年长的经济。印度把软件产业作为国家战略，立足于国家产业发展战略的高度，与国际软件产业发展趋势同步，从实际出发，在政府主导下，运用社会力量，探索人力资源开发的切实措施，促进了软件产业的快速发展和快速国际化。印度的软件外包行业增长迅速，已成为世界第二大软件出口国和全球最受欢迎的外包目的地，这与印度政府将软件产业作为国家战略是分不开的。从 20 世纪末起，印度政府相继制定了一系列促进国家信息化的政策，这些政策主要包括制定加速培训和吸引软件人才回国的具体政策、从儿童开始普及计算机教育、通过职业教育培养大批软件应用人才、通过高等学校培养出类拔萃的软件工程师、构建“产学研”一体化的教育模式等。

（二）国家主导的工程教育

印度政府高度重视发展工程教育，充分利用国内外资源发展国内工程教育。在国家的引导下，形成了符合印度国情的工程教育体系。这个体系包括以下三个方面：一是成立专门机构，负责建立工科院校。在印度独立之前，英国领导建立了工科院校，培养了许多优秀的工程科技精英，为印度工程教育的发展奠定了基础。印度独立后，成立了一个特别委员会，参照美国麻省理工学院建设了印度的工程学院，成立了至今仍享誉世界的印度理工学院。二是依法保障工程教育的发展。法律赋予某些学校特殊的学术地位和特权。例如，印度独立前建立的五所印度理工学院被认为是重要的国家机构。同时，依法设立工程教育认证机构。为保证工程教育质量，成立了国家认证委员会，负责工程教育的认证和评估工作。三是按照国家发展规划发展工科院校。在国家主导下，很大程度上保证了印度工程教育的快速发展，特别是相关法律的颁布，为其工程教育质量保证和专业认证评估提供了保障（甘宜涛等，2019）。

（三）培养技术技能型人才

在印度的各种教育政策中，都体现了对技术和技能人才实践能力的重视和培养。印度逐步形成了多层次、多样化的技术技能型人才培养体系。印度通过政府部门、学校、企业、社会等培养渠道培养技术技能型人才。在学习方法方面，印度在培养技术技能型人才方面提供了多种形式的职业教育，包括学历教育、非学历技能教育和培训。印度积极鼓励行业和企业办学，特别是与外资企业合作办学。在职业教育主体上，形成了公办与民办高校、民办职业院校与培训机构并存的局面。因此，印度多样化的教育模式和内容，有效地适应了各类型人才的需求，使学生能够根据自身特点做出适合自己的选择。这种多层次、多元化的职业教育，有助于实现人尽其才的育人理想，也有效缓解了人力资源供需矛盾（杨思帆等，2018）。

（四）重视发展特色职业教育

印度高等职业教育肩负着培养具有较高综合文化素养和专业技能的技能型人才的重要使命。长期以来，印度始终把区域经济社会发展和产业转型升级作为确立高职院校发展方向和办学特色的重要依据，两者的协调发展一直是政府工作的重点发展方向之一。为此，印度探索在高等职业教育发展的不同阶段建立特色学院，旨在培养与印度经济社会发展密切相关的行业急需的技术技能和人才，增强服务业升级能力。例如，针对培养大量工程建设所需的技术和技能型人才（如工程师、高级技师等）的实际情况，印度政府在各地区建立了一批具有鲜明办学特色的高职院校，主要包括工程技术、艺术与建筑、商贸、航天工程与电信工程、制造业等（赵学瑶，2017）。印度的职业教育也重视跨学科教育，培养复合型工程师。以计算机科学为例，培养出来的软件工程师不仅懂编程，而且懂哲学、历史、艺术等多学科知识，能拓展他们的思维，培养他们的创新意识，这是优秀软件工程师必须具备的条件。

（五）印度文化的企业人才开发

与中国企业相比，印度企业的显著特点在于私营企业占企业的主体。印度有非常多的家族企业，私人财团掌握着国家经济的命脉，这也造就了印度企业的人才开发蕴含独有的文化特点，主要表现为家族文化、精英文化、信用文化、行业文化和人本文化等。

1. 家族文化

在印度，不少上规模的企业家开办的都是家族公司。印度企业的家族文化，是印度企业的重要特点，要了解印度的企业文化，就需要了解印度的家族文化，印度名列前 10 位的大型企业爱萨集团是家族企业的典范。印度企业虽然流行家族文化，但印度企业对于人才特别重视，并不十分看重亲缘关系，也没有任人唯亲。他们认为能力比血缘关系更重要。如果家族中不能培养出人才，他们会把家族企业交给家族外的人管理。

2. 精英文化

精英文化和家族文化在印度企业文化中是互为补充的。印度企业文化认为，决定印度企业生死存亡的关键不是家族传承，而是能找到能人治理企业。印度企业中流行精英文化，重视人力资源，并把人力资源其视为企业生存发展的关键。印度企业比较看重文凭和英语水平，有文凭、英语好的人在企业得到发展的机会更大。印度人认为，学历与掌握的知识和具备的能力成正比，高学历的人英语水平也必然要高一些。

3. 信用文化

印度大多数企业以诚信为本，因此印度假货较少。印度企业中的信用文化包括企业和员工双方互讲信用两项内容。印度从事技术研发或高层管理的人，如果从企业离职，会自觉在几年内遵守竞业规定，不从事与原单位业务类似的工作。另外企业也对员工守信用，表现在员工待遇上讲求信用，严格遵守员工合同，为员工谋求利益。印度工业联合会主席卡兰特利曾说："自觉遵守规范，诚信经营是印度企业赖以生存的法宝，体现了印度企业文化的核心。"

4. 行业文化

印度是小政府、大社会，企业的影响力和行业协会有着密切关系，行业协会在企业界的影响和作用很大，企业一般会遵守行业协会立下的规矩。印度行业协会不仅为印度企业家经营服务，也积极策划或组织一些社会活动，注重提升企业的社会效益和功能。印度大部分企业会加入某一个行业协会，企业越大，加入的行业协会越有影响力。企业如果离开或没有加入行业协会，其在业内的影响就会受到削弱。

5. 人本文化

在印度大公司的企业文化理念中，都将“企业公民”作为其核心价值的重要组成部分，着重强调企业的社会法人身份，明确企业除了赚取利润以外，还应担负一定的社会责任。印度企业注重人本文化，公司在薪酬、福利等方面兼顾企业与员工双方利益，并且充分维护员工对自身利益的合法诉求，使员工对工作有安全感。另外，企业着眼于与员工的互相尊重，尽可能与员工打成一片，既照顾企业利益，也兼顾员工利益，强调双赢。此外，印度企业还注重行善积德，广做善事，并将“善”融入到企业文化的塑造中去。

三、印度人力资源开发的经验

（一）政府大力扶持软件行业

印度政府将软件业作为经济腾飞的重要抓手，在税收减免、行业准入、人才培养基地建设等方面进行全方位扶持。可以说，印度政府的支持为印度软件业打了强心针。早在 1991 年，印度政府针对软件产业就推出了“零税赋”的扶持政策，并优先对软件和服务公司的银行贷款进行发送，极大地促进了印度软件产业的发展。到 1998 年 7 月，印度政府为软件产业设立 10 亿卢比的风险投资基金，由小型企业发展银行（SIDB）管理。同时还出台政策，规定银行优先贷款给新创设的高科技风险公司，尤其是小型企业。可以说，印度政府早期对软件业的大力扶持非常具有战略眼光，政府大量的资金投入和对软件人才的优惠政策是产业发展的有力推手，使得印度在该领域飞速发展，并被公认为世界软件开发的基地之一。为适应今后的发展趋势，印度政府正在加快软件业的硬件基础设施建设，政府对人才资源的重视和支持已成为印度进行人力资源开发的重要保障。

（二）软件企业人力资源开发

印度软件人才已被认为是印度的名片之一，经过近 20 年的努力，印度软件企业成功培育了一大批专业人才，并成功地留住了他们。印度企业对人力资源开发和培训十分重视，可以说，印度企业在信息技术领域取得的突出成就与其独特的人力资源开发和培训体系紧密相关，其独到之处在于：一是重视专业教师的培训水平。印度企业对专业教师的要求非常严格，要求教师每学期授课前都要参加专业技能培训和考核，考核通过才能上岗。二是培训教材和教学方法与国际接轨。培训机构时时追踪国外行业动向，持续引进新思想、新技术、新教材，重视培训的实用性和有效性，着重训练学员的综合能力。三是实行订单人才培养。学校与企业紧密协作，让学生在校学习时就配合企业参与真实的软件项目研发，毕业后直接进入企业工作，快速成为合格的专业技术人才，这已成为印度软件人才培养的一大特色。四是强化在职人员专业技术培训。除人力资源部外，大多数软件企业设立了培训部，专门负责人才培养。新员工进入公司后除接受流程及规章制度培训外，项目经理还会在项目实施前提出技术和其他所需培训需求，以保障项目的顺利实施。五是重视软件人才沟通能力和逻辑思维能力的培养。企业不仅对员工进行技术培训，还为员工提供管理能力、职业素养方面的培训，同时提升人才的科学和人文素养，激发员工对工作的热情。

（三）重视引进海外科技人才

为加快产业的发展，印度非常重视引进海外科技人才，通过各项措施吸引了一大批海外科技人才。一是吸引海外印度人才回流。印度政府制定了优惠政策和完善的法规，为回国人员营造良好的发展环境，以吸引外流人才回流。从 20 世纪 60 年代起，印度政府就设立了“科技人才库”，吸纳那些愿意回印度创业或工作的印度人。印度政府还瞄准主要发达国家建立海外专家人才数据库，重金吸引能为印度解决关键技术难题和实施重大项目的人才。二是高薪引进紧缺人才。在 IT 领域，掌握人工智能、数据分析和机器学习等新技术的人才较为稀缺，印度企业愿意为这些新技术领域拥有技能的软件开发人员和工程师支付更高的薪水引进这些人才。三是以软件教育吸引海外人才。印度的软件教育学习费用低廉、人才培养水平较高，在打响世界软件人才的名片后，软件教育快速崛起，吸引着世界各地想学习软件的留学生不断向印度会聚，持续为印度产业发展注入新生力量。

第四章　重庆智能产业人力资源开发与利用现状

第一节　重庆智能产业发展概况

随着大数据时代的到来，人工智能风暴席卷全球，逐渐成为引领未来的新兴产业和核心技术，正在持续对全球产业、经济和社会产生重要影响，推动各领域从数字化、网络化向智能化加速跃升。自美国第一个将人工智能上升为国家战略进行部署后，英国、德国、日本等国纷纷跟进。当前，世界大部分国家已把人工智能作为决胜未来的重要战略进行部署，我国各级政府也高度重视人工智能发展，将其作为国家、地方战略进行规划和实施。

一、重庆智能产业发展概况现状

重庆自直辖以来经济发展取得了巨大成效，得到了党和国家的格外关注。习近平总书记在视察重庆时，明确地提出了“两点”定位、“两地两高”目标和“四个扎实”要求。自2017年以来，重庆立足“两点”定位，聚焦高质量发展主题，大力发展十二大智能产业，持续推进制造业转型升级，以构筑现代产业体系。智能产业是典型的新兴产业，发展前景广阔，已成为重庆产业发展的重要方向和经济增长的新动力。

（一）发展战略持续推进，产业发展前景较好

重庆依托良好的区位、产业和政策优势，相继出台了《以大数据智能化为引领的创新驱动发展战略行动计划（2018—2020年）》和推动汽车、消费品工业、大健康、电子信息等产业高质量发展的指导意见或行动方案，通过顶层设计为重庆各大产业发展指明了方向。在高质量发展理念指引下，重庆以产业升级和发展智能产业作为抓手，深入推进创新驱动发展战略，通过市区联动、政企携手，推动重点项目在各区县落地实施，促进智能产业与传统产业、智能制造与城市应用的协同发展，让大数据智能化为重庆产业赋能、为城市治理和市民生活助力。重庆市科技创新能力持续增强，智能化成为驱动经济发展的主要动力。

2019年，重庆智能制造持续深入推进，全市智能产业销售收入增长14%，发展态势良好，对工业增长贡献率持续上升。从表4－1的全国对比情况来看，北京、广东、上海、浙江和江苏等省市的人工智能产业的发展水平综合得分遥遥领先，综合排名位列第一梯队，特别是北京，远高于其他省份。综合排名位列第二梯队的10个省份综合得分都在10分以下，与第一梯队的5个省份分值差距较为明显。重庆市智能产业虽然只位列各省份第15位，但各单项指标的得分较为均衡，不存在明显短板，仍具有一定优势及发展前景。

表4－1　人工智能科技产业区域竞争力评价指数综合得分及分项排名情况

	省市	综合排名	综合得分	企业能力	学术生态	资本环境	国际开放	链接能力	政府响应
第一梯队	北京	1	90.1	1	1	1	1	1	10
	广东	2	42.8	2	5	4	3	2	1
	上海	3	28.5	4	2	2	4	3	5
	浙江	4	25.9	3	9	3	2	4	3
	江苏	5	18.1	5	3	5	7	5	2
第二梯队	四川	6	9.6	9	7	12	15	11	16
	湖北	7	8.9	6	14	8	14	14	8
	辽宁	8	8.3	15	4	14	10	20	13

续表

	省市	综合排名	综合得分	企业能力	学术生态	资本环境	国际开放	链接能力	政府响应
第二梯队	山东	9	8.3	8	16	6	8	6	7
	天津	10	8.1	7	15	7	9	8	11
	陕西	11	7.9	13	6	16	17	17	22
	安徽	12	7.8	10	12	11	5	7	6
	湖南	13	6.8	12	11	9	12	9	15
	吉林	14	6.7	23	8	22	17	20	23
	重庆	15	6.6	14	10	15	11	10	18

资料来源：《中国新一代人工智能科技产业区域竞争力评价指数（2019）》。

（二）全产业链初步构建，集群发展态势渐成

近年来，重庆紧跟国家总体战略和产业发展机遇，结合自身产业基础和优势资源积极布局，智能产业快速崛起。重庆市政府积极引导各国、各地企业入渝发展，大批重点企业不断聚集，华润微、万国半导体、海力士等企业基本构筑起“芯片设计→制造→封装→配套”的集成电路全产业链条，京东方、惠科、中光电等企业使新型显示产业链进一步壮大，格力、美的、vivo、OPPO等企业构筑起“生产 + 检测 + 供应链服务”的智能家电和智能手机产业体系，恩智浦、海康威视、中国四联等智能仪器仪表企业构建的“核”产业链不断完善，中移物联网、声光电、大唐科技等企业构筑起“系统集成 + 运营服务 + 硬件制造”的物联网产业链，全市“芯屏器核网”产业链轮廓初现，智能产业基础得到进一步夯实。重庆智能产业体系初步构建形成，特别是连续两年成功举办智博会，已在全市形成浓厚的创新氛围，以大数据智能化推动高质量发展，成为全社会共识。据统计，重庆十二大智能产业企业超过3000家，形成良好发展生态链，部分重点企业名录如表4－2所示。

（三）服务平台体系渐成，研发资源不断聚集

在创新驱动发展战略引领下，重庆智能产业公共服务平台不断拓展，各种新服务模式应运而生，大数据智能化应用深入推进，人工智能基础资源公共服务平台、华为云创新中心、忽米网工业互联网平台、紫光UNIPower平台、重

表 4－2　重庆 12 大智能产业重点企业名录（部分）

产业分类	企业名单
大数据产业	浪潮、博拉网络、阿里巴巴、腾讯、紫光、誉存、海云数据、网宿科技、智慧思特、中控智能等
人工智能产业	华为、紫光、云从科技、科大讯飞、海康威视、海云数据、商汤科技、特斯联等
集成电路产业	紫光、华润微电子、万国半导体、SK 海力士、西南集成、金山科技、中航微电子、中科渝芯、百度锐迪科、渝德科技、灵龙电子等
智能超算产业	腾讯、深算科技、中科曙光、华为等
软件服务产业	华为、品胜科技、博恩科技、中迪医疗、梅安森科技、慧都科技、骏发科技、和贯科技等
物联网产业	中移物联网、声光电、腾讯、阿里巴巴、京东、德尔森、西南集成、北斗物联、紫光、博端、中控智能等
汽车电子产业	长安汽车、欧菲光、联发科、恩智浦、盟讯电子科技、瑞声科技等
智能机器人产业	川崎、ABB、新松、鲁班、华数、广数、哈工大机器人、元谱、固高科技等
智能硬件产业	小米、京东方、格力、美的、华为、中国四联、奥特斯、康宁、欧姆、传音、欧珀、维沃、金立、德尔森、莱宝高科、联创电子、纬创资通、西山科技等
智能网联汽车产业	长安汽车、金康新能源、小康集团、力帆汽车、上汽红岩、金康、长安福特等
智能制造装备产业	ABB、紫光、重庆机床、重庆机电、盟讯电子科技、创新奇智、江东机械、安洁电子、行安电子等
数字内容产业	猪八戒、漫客空间、京东、海嘉、腾讯、完美世界、迅游网络等

资料来源：重庆市发改委、市经信、市投促局等部门提供整理。

庆工业大数据创新中心等纷纷构建完成，开放平台体系逐渐成型。在夯实公共服务平台的同时，重庆积极引导国内外知名高校、院所和企业来渝发展，合作建设高端研发平台，不断为产业发展聚集高端研发资源。此外，为保障智能产业的发展，重庆出台了一系列政策文件（见表 4－3），加大力度推动人才强市战略实施，通过实施海外高层次人才集聚计划、鸿雁计划、巴渝工匠、英才计划、海智工作站等重大人才引进工程，打造人才集聚平台，吸引了一批海内外高端人才落户重庆。同时，统筹产业发展和人才培养开发规划，对接智能产业发展人才需求，建立以产业链为导向的技术技能人才培养模式，形成产业人才集群，提高人才与产业融合度，产业人才结构得到进一步优化。

表4－3　重庆近三年出台的人才政策文件

年份	政策文件
2017	《重庆市引进海内外英才“鸿雁计划”实施办法》 《重庆市院士专家工作站建设管理办法》 《重庆市特殊人才职称评定办法》
2018	《重庆市科教兴市和人才强市行动计划（2018－2020）》 《重庆市留学人员回国创业创新支持计划实施办法》
2019	《“巴渝工匠2020”计划实施方案》 《重庆英才计划实施办法（试行）》 《关于开辟“绿色通道”引进事业单位高层次紧缺人才的通知》 《关于加快博士后事业创新发展的若干措施》 《重庆市分类推进人才评价机制改革的实施方案》 《重庆海智工作站建设管理办法》 《重庆市院士专家工作站建设管理办法》

资料来源：重庆市政府、重庆市人力资源和社会保障局官方网址。

二、重庆智能产业发展存在问题

（一）创新能力有待提升

创新是发展的第一动力，重庆无论在产业创新能力、创新资源基础和科技市场活跃程度等方面，都远远落后于北京、上海、深圳等城市，甚至与武汉、成都、西安等城市相比也存在较大差距。智能产业是新时代产业发展的核心和主流，重庆的产业结构想要进一步调整和升级，就必须统筹规划，进一步提升智能产业的创新能力。在创新驱动发展战略和智博会推动下，各大互联网、智能终端巨头纷纷在重庆布局，探索新业态和新模式，重庆智能产业迎来了爆发式增长，有效带动智能产业链的完善和传统产业转型，在一定程度上加快了产业技术创新，但区域整体创新能力偏弱的格局并没有打破。一是缺乏行业技术领先企业和高端研发平台，重庆目前人工智能领域知名的非大学科研机构仅有中国科学院重庆绿色智能技术研究院1家，且成立时间不长，自身的技术积累还有待加强，对区域内的智能产业企业的带动作用不强，重庆很难在短时间内构建起完整的智能产业技术创新体系。二是各类研发机构和企业偏少，重庆市共有县级以上政府部门所属科研机构28家，远低于四川省的141家和陕西省的68家，全市整体创新能力偏弱，与国内外科研院所的“产学研”合作深度不够，科技成果转化的效率不高。三是智能领域的技术专利没有体现重庆产业优势。重庆的工业基础比较好，汽车制造业和智能终端制造业在全国都有很大的影响力。但是，重庆的制造业优势并没有带来专利优势，重庆在智能驾驶、机器生物识别等人工智能领域的专利水平还处于全国中等地位，而且重庆的人工智能专利高度集中在重庆大学、重庆交通大学和重庆邮电大学三所高校，企业在人工智能方面的研发力度比较小。四是科技服务机构的数量和意识滞后，不能满足市场快速发展的需要。以知识产权代理机构为例，截止到2019年底，重庆专利代理机构数为62家，排名第14位，远低于北京、广东、江苏、浙江等地，仅占全国的2.06%（见图4-1）。

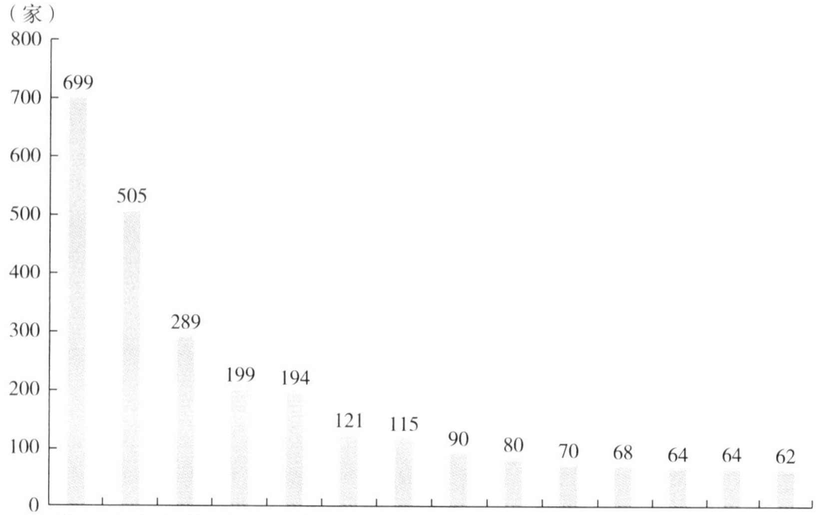

图4-1　全国各省份专利代理机构数量（部分）

资料来源：国家知识产权局。

（二）集群效应并未显现

长期以来，汽车和电子制造两大产业在重庆工业体系中占较大比重。重庆智能产业虽然发展迅猛，但作为智能产业的后发之地，产业底蕴、技术积累、人才储备都落后于京津冀地区、长三角地区和珠三角地区，即使部分企业通过园区实现了物理上的集聚，但产业集群和协同效应却远未形成。重庆智能产业整体水平不高，重点行业的体量偏小，比如集成电路设计业占比还不到全国的1%，软件产业收入仅占全国的2%，工业机器人产量不足全国总量的3%，智能网联汽车多处于初级、中级智能阶段，且产量仅占全部汽车产量的3%。企业产品档次不高，关键核心环节对外依存度较高，精密传感器、工业机器人减速器及伺服电机、大尺寸晶圆制造等仍是空白。同时，重庆“芯屏器核网”智能产业链发展参差不齐，不少企业生产所需的大部分核心零部件仍从外地采购，核心零部件的本地化配套率较低，产品低端化、市场边缘化等问题已浮现出来，短期内很难形成产业集群效应，产业链仍需不断完善，这已成为制约重庆智能产业持续发展的短板。此外，大数据智能化产业作为新兴产业与传统产业的融合不足，难以达到“1+1>2”的融合效果。以电子制造为例，电子制造通过依靠龙头企业吸引产业链配套进而形成产业集群，以本地零部件配套化解了内陆加工贸易物流成本高的难题，开创了“一头在内、一头在外”的内陆加工贸易新模式，造就了重庆的第二轮产业升级。但是，电子制造的产业整合主要体现在其产业内部，在第三轮产业升级中并没有与智能产业进行很好的融合。智能产业要在产业变革中把握轮动机遇，需要主动进行跨产业整合。

（三）人才供给总量不足

人才是产业发展的基础，说到底，人工智能产业的竞争核心就是智能人才的竞争。目前各行业对人工智能人才的需求非常大，人工智能和大数据已逐渐成为收入最高的两个专业领域，在人工智能领域从业的毕业生平均工资要比在其他行业工作的同等学力毕业生多1/3～1/2，人工智能领域平均年薪约33万元，稳超互联网行业平均水平。重庆通过一系列引才政策与措施，引进了一批智能领域的高端人才，但智能产业的领军人才仍屈指可数，且当前全国主要省份都在大力发展人工智能产业，人才争夺战愈演愈烈，高端实用人才的供给远跟不上产业的发展需求。此外，重庆对智能人才的培养也相对滞后。由图4－2可知，截至2018年底，全国共有94所大学拥有人工智能二级学院，其中北京有14所，数量排名第一，重庆只有5所，排名第6。高校是重庆产业人才培育的主要阵地，但各大高校的人工智能本科专业都是从2019年起才开始开设的，智能产业领域的学科基础普遍薄弱，加之人工智能专业应用性强，对课程设置及教学要求较高，短期内很难构建起科学、专业化的人才培养体系，人才培养的数量和质量都难以满足区域产业发展的需要。

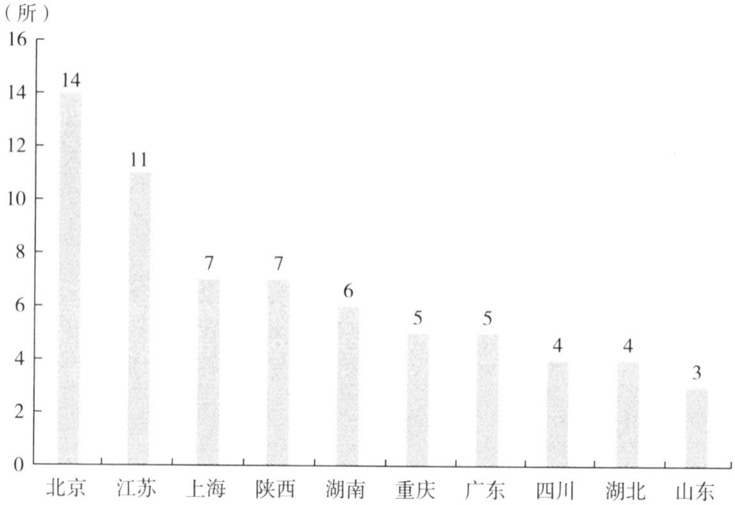

图4－2 全国各省份高校设立人工智能二级学院的数量（部分）

资料来源：《中国新一代人工智能科技产业区域竞争力评价指数（2019）》。

第二节 重庆人力资源基本现状

在分析重庆智能产业人力资源开发现状之前，有必要对重庆人力资源的基本情况进行了解。因此，本书对重庆人力资源总量状况、区域分布、产业分布、年龄结构和培养情况等方面进行阐述。

一、人力资源总量状况

2018 年底，重庆市总人口为 3403.64 万，同比增长 0.41%，约占全国总人口的 2.44%。从表 4－4 重庆市 2009～2018 年总人口变化情况可以看出，重庆市的人力资源较为丰富，除个别年份外，均保持正向增长，说明重庆的人力资源长期能得到有效的补充，人口总量在持续增加。从农业、非农业占比来看，重庆与我国其他 3 个直辖市相比，不仅总人口最多，而且农村人口占比较大，是典型的“大城市带大农村”。随着城镇化的进程加快，重庆市非农业人口的数量和比重都在持续上升，2018 年非农业人口的数量已达到 1655.72 万，占总人口的 48.65%。从性别比例来看，男女性别比例由 2009 年的 1.08∶1 降至 2018 年的 1.05∶1，女性人口比重缓慢上升，说明居民的生育观念也在发生变化。

表 4－4　2009～2018 年重庆市总人口情况　　单位：万人，%

年份	总人口	较上年增长比例	按性别分		按农业、非农业分		非农业人口占比
			男	女	农业	非农业	
2009	3275.61	0.57	1697.69	1577.92	2326.92	948.69	28.96
2010	3303.45	0.85	1709.03	1594.42	2196.45	1107.00	33.51
2011	3329.81	0.80	1720.53	1609.28	2052.17	1277.64	38.37
2012	3343.44	0.41	1725.87	1617.57	2026.19	1317.25	39.40
2013	3358.42	0.45	1731.82	1626.60	2014.37	1344.05	40.02
2014	3375.20	0.50	1738.87	1636.33	2003.08	1372.12	40.65
2015	3371.84	－0.10	1736.49	1635.35	1980.82	1391.02	41.25
2016	3392.11	0.60	1745.24	1646.87	1776.60	1615.51	47.63
2017	3389.82	－0.07	1741.13	1648.69	1753.01	1636.81	48.29
2018	3403.64	0.41	1745.88	1657.76	1747.92	1655.72	48.65

资料来源：根据《2019 年重庆统计年鉴》整理。

二、人力资源区域分布情况

从地理分布来看，重庆市下辖26个区，8个县和4个自治县。2020年重庆市政府工作报告中提出，要着力构建“一区两群”协调发展格局，将重庆38区县（自治县）划分为“一区两群”，“一区”指重庆主城都市区，包括21个区县和万盛经开区；“两群”指渝东北三峡库区城镇群和渝东南武陵山区城镇群，分别包括11个区县和6个区县（自治县）（见表4-5）。由图4-3可知，2018年，重庆主城区常住人口1933.45万，其中城镇人口1148.80万，城镇化率为59.42%。渝东北三峡库区城镇群常住人口1096.15万，其中城镇人口387.25万，城镇化率为35.33%。渝东南武陵山区城镇群常住人口374.04万，其中城镇人口119.67万，城镇化率为31.99%。按照目前的城镇化率来看，“两群”地区的城镇化率偏低，区域内集聚的农村人口较多，将是未来智能产业人力资源增量开发的重点。

表4-5　重庆市“一区两群”区县分布

区域	区县分布
重庆主城都市区	渝中、大渡口、江北、沙坪坝、九龙坡、南岸、北碚、渝北、巴南、涪陵、长寿、江津、合川、永川、南川、綦江、大足、璧山、铜梁、潼南、荣昌和万盛经开区
渝东北三峡库区城镇群	万州、梁平、开州、城口、丰都、垫江、忠县、云阳、奉节、巫山、巫溪
渝东南武陵山区城镇群	黔江、武隆、石柱、秀山、酉阳、彭水

从表4-6各区县的详细数据来看，2018年末，人口超过100万的区县有11个，包括万州区、涪陵区、渝北区、江津区、合川区、永川区、綦江区、大足区、开州区、云阳县和奉节县；人口数在50万~100万的有24个；人口数在50万以下的有3个，分别为大渡口区、武隆区和城口县。

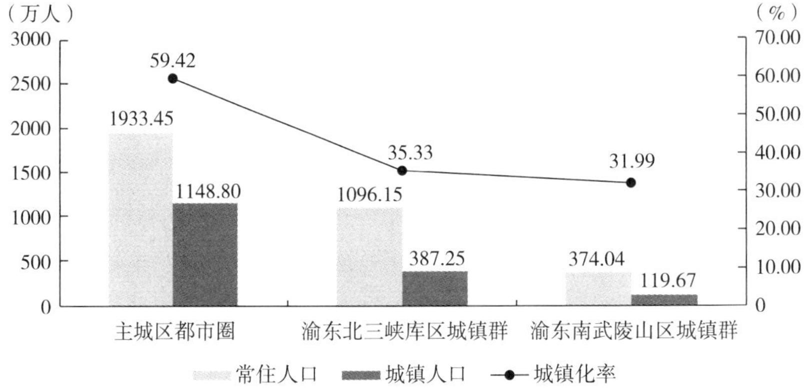

图 4-3　2018 年重庆市区域人口数及城镇化率

资料来源：根据《2019 年重庆统计年鉴》整理。

表 4-6　2018 年重庆市各区县人口数及城镇化率　　单位：万人，%

区县	年末总人口	城镇人口	城镇化率
万州区	173.90	73.01	41.98
黔江区	55.66	23.47	42.17
涪陵区	115.13	51.38	44.63
渝中区	50.44	50.44	100.00
大渡口区	26.91	26.91	100.00
江北区	62.28	58.70	94.25
沙坪坝区	85.82	76.24	88.84
九龙坡区	95.02	80.11	84.31
南岸区	73.68	68.54	93.02
北碚区	63.57	43.71	68.76
渝北区	136.75	103.12	75.41
巴南区	93.02	56.86	61.13
长寿区	89.26	38.81	43.48
江津区	149.27	72.22	48.38
合川区	152.59	73.81	48.37
永川区	114.09	51.52	45.16
南川区	68.68	29.13	42.41
綦江区	119.69	60.70	50.71

续表

区县	年末总人口	城镇人口	城镇化率
大足区	107.16	50.91	47.51
璧山区	64.77	33.98	52.46
铜梁区	85.11	39.77	46.73
潼南区	95.20	39.78	41.79
荣昌区	85.01	42.61	50.12
开州区	168.53	53.40	31.69
梁平区	92.80	37.43	40.33
武隆区	41.15	11.59	28.17
城口县	25.15	7.02	27.91
丰都县	82.01	24.63	30.03
垫江县	97.09	40.78	42.00
忠县	99.02	32.02	32.34
云阳县	134.12	45.63	34.02
奉节县	105.82	28.00	26.46
巫山县	63.49	16.42	25.86
巫溪县	54.22	18.91	34.88
石柱县	54.86	16.17	29.48
秀山县	66.78	20.37	30.50
酉阳县	85.44	27.50	32.19
彭水县	70.15	20.57	29.32

资料来源：根据《2019 年重庆统计年鉴》整理。

三、人力资源产业分布情况

从重庆市就业人口的产业分布来看，随着重庆产业结构的优化和调整，2018 年第一产业从业人员的人数和比重逐年下降，人数减少到 464.79 万，占比下降到 27.2%；第二产业从业人员的人数和比重呈现先升后降的趋势，自达到 2016 年的 476.66 万人和的 27.8% 高点后，开始出现缓慢下降；第三产业从业人员的人数和比重持续上升，2018 年人数增加到 802.16 万，占比上升到

46.9%，取代第一产业成为吸纳就业人口最多的产业（见表4-7）。

表4-7　2009~2018年重庆市各产业就业人员情况　单位：万人，%

年份	按产业分			分产业比重		
	第一产业	第二产业	第三产业	第一产业	第二产业	第三产业
2009	638.08	326.04	548.88	42.2	21.5	36.3
2010	621.29	351.86	566.80	40.3	22.9	36.8
2011	604.38	390.80	589.98	38.1	24.7	37.2
2012	592.59	422.73	617.82	36.3	25.9	38.7
2013	580.92	452.21	650.38	34.5	26.9	38.6
2014	555.59	464.48	676.87	32.7	27.4	39.9
2015	526.46	473.70	707.21	30.8	27.8	41.4
2016	496.01	476.66	744.85	28.9	27.7	43.4
2017	474.88	461.68	777.99	27.7	26.9	45.4
2018	464.79	442.56	802.16	27.2	25.9	46.9

资料来源：根据《2019年重庆统计年鉴》整理。

四、人力资源年龄结构情况

通常情况下，把15~64岁这一年龄段的人口作为适龄劳动人口。由表4-8可知，自2017年起，重庆适龄劳动人口的数量开始出现下降，比重亦跌破70%，并呈现逐年下降的趋势；65岁及以上人口所占比重逐年上升，并且数量在2017年一举突破400万人，增长速度开始明显加快；0~14岁人口的数量和占比虽然个别年份有所波动，但总体呈现缓慢上涨的趋势。

按照国际惯例，以65岁及以上人口占比作为衡量一个国家或地区老龄化程度的标准（见表4-9）。2018年，重庆65岁及以上的人口占比首次超过14%，意味着开始进入深度老龄化。

表 4-8　2009~2018 年重庆市人口年龄结构　　单位：万人，%

年份	0~14 岁		15~64 岁		65 岁及以上	
	人口数	比重	人口数	比重	人口数	比重
2009	544.93	19.06	1988.72	69.56	325.35	11.38
2010	489.80	16.98	2061.41	71.46	333.41	11.56
2011	493.02	16.89	2088.25	71.54	337.73	11.57
2012	490.93	16.67	2113.04	71.75	341.03	11.58
2013	487.08	16.40	2130.08	71.72	352.84	11.88
2014	491.49	16.43	2140.64	71.56	359.27	12.01
2015	497.43	16.49	2152.01	71.34	367.11	12.17
2016	504.82	16.56	2161.64	70.91	381.97	12.53
2017	518.78	16.87	2149.84	69.91	406.54	13.22
2018	529.48	17.07	2134.96	68.83	437.35	14.10

资料来源：根据《2019 年重庆统计年鉴》整理。

表 4-9　人口老龄化程度衡量标准

65 岁及以上人口占比	超过 7%	达到 14%	超过 20%
人口老龄化程度	开始进入老龄化	深度老龄化	超老龄化

五、人力资源教育结构情况

一个地区的经济增长除了依靠物质资本外，更重要的是该地区所拥有的高素质、专业化的人力资本存量。我们通常将就业人口受教育程度作为反映人员素质的重要指标。由图 4-4 可以看出，2018 年，重庆就业人员中，高等职业教育及以上教育程度的占比为 20.0%，略低于全国 20.2% 的平均水平。重庆就业人员的整体素质虽然在近年有了一定程度的提升，但与北京、上海、天津这 3 个直辖市相比仍存在较大差距。

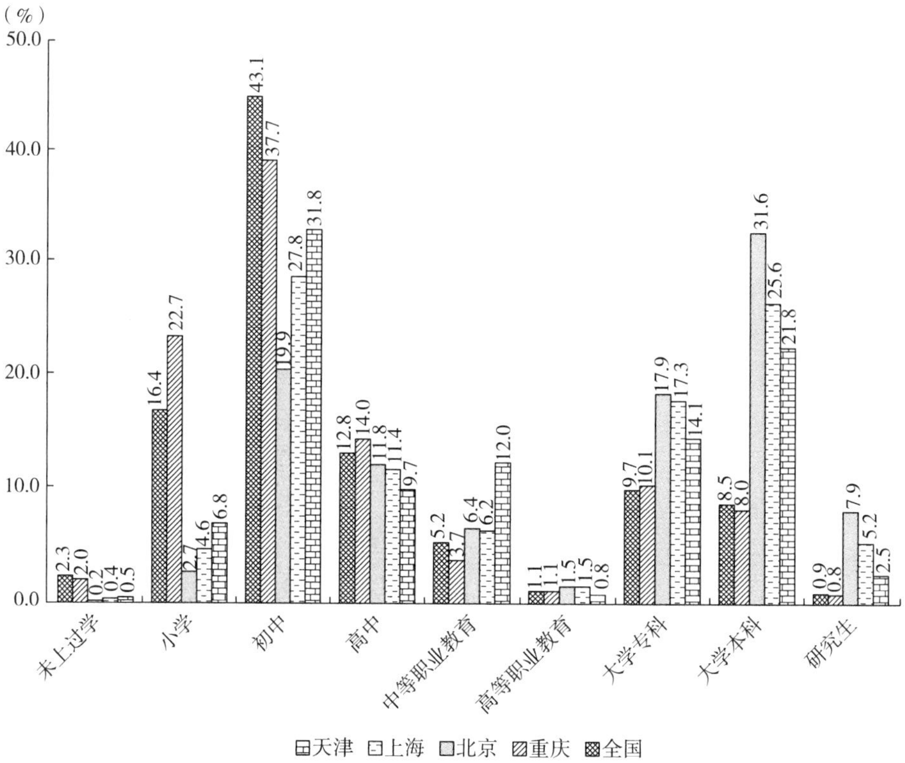

图 4－4　2018 年全国直辖市就业人员受教育程度构成

资料来源：根据《2019 年中国人口和就业统计年鉴》整理。

六、人力资源培养情况

重庆目前有高等学校 72 所，规模上还是有一定优势。从高校培养的人才数量来看，2009～2018 年，重庆普通高等学校在校学生人数由 52.33 万人增加到 82.79 万人，占总人口比重由 1.60% 上升到 2.43%（见图 4－5），无论是绝对数量还是占总人口的比率都呈上升趋势，受教育的人数不断增多，长期总体的人力资源的质量和结构都得到持续改善。但由于重庆高校的整体水平和培养层次都偏低，且缺少一流名校，对全国的优秀考生缺乏吸引力，很难招收到优秀的拔尖学生，加上产业发展还是落后于沿海发达城市，所以培养的优秀人才也容易发生流失，高校能够为产业发展提供的人才和智力支持有限。

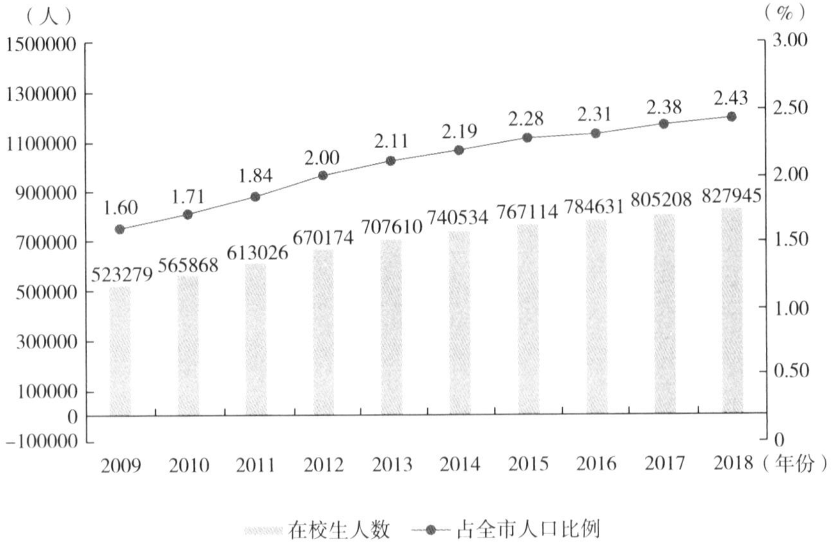

图 4－5　2018 年重庆市普通高等学校在校学生情况

资料来源：根据《2019 年重庆统计年鉴》整理。

第三节　重庆智能产业人力资源开发现状

人工智能作为推动我国经济发展和现代产业升级的重要引擎，正处于快速发展阶段。在这个过程中，高端人才对产业发展起着至关重要的作用。当前，重庆的智能产业快速崛起，对各类型人才的需求出现井喷式增长，而且需求更加精细。通过分析重庆智能产业人力资源开发现状，能够为后续制定人力资源开发战略提供支撑。

一、重庆智能产业人才的分类

人才是产业发展的基础，随着重庆智能产业的快速发展和推动传统产业的不断升级，对高水平智能人才的需求快速增加。鉴于不同学者和机构对智能人才的理解及定义有所不同，本书将智能人才归纳为以下两种解释。

（一）行业高端人才

清华大学中国科技政策研究中心将人工智能人才定义为：具备从事人工智能领域创造性劳动的研究能力与专业技术知识，并在近10年内有创新成果的研究人员。根据上述描述，这一定义对智能人才的界定相对较窄，涵盖的人才层次较高、数量较少，属于行业顶尖研究型人才。这类人才的层次相对较高，数量较少，我们将其界定为智能行业高端人才。

（二）行业实用人才

目前除了行业高端人才，智能产业需求量最大的是行业实用人才。参考重庆市大数据应用发展管理局的分类，结合大数据智能化领域岗位多元化、知识复合化、技能融合化等人才需求特性和职业属性，可将智能产业实用人才分为基础研究人才、开发应用人才、工程技术人才和运营管理人才。这类人才的职业属性较强，行业需求量大，我们将其界定为智能行业实用人才。

（1）基础研究人才。是指开展智能产业领域前沿基础理论和关键共性技术研究，揭示产业内技术客观规律，引领理论创新的人才。

（2）开发应用人才。是指在12个智能产业领域和借助大数据智能化技术开发各类政府管理、民生服务、公共产品、社会治理等应用的领域，开展新方法、新技术、新应用、新产品的研究与开发的人才。

（3）工程技术人才。是指在大数据智能化领域相关产业和应用的生产活动全过程中，承担工程设计、测试、优化、运维、咨询、管理和服务等环节任务，主要将开发应用人才所研究开发的新方法、新技术、新应用、新产品等成果进行集成并运用于工程实践中的技术人才。

（4）运营管理人才。是指在大数据智能化领域，负责项目规划与论证、项目实施及管理、活动组织与执行、团队及制度建设等管理工作，或提供技术创新服务、成果转化、知识产权管理及产业化等专业服务，具有较强综合素质的应用型、复合型管理人才。

二、重庆智能产业人才开发与利用现状

（一）行业高端人才

根据AMiner平台的数据，过去十年全球人工智能领域共有26488位学者符合清华大学中国科技政策研究中心对智能人才的界定，集中分布在美国、中国、日本、印度、德国、英国等国家。为便于分析，我们选择了机器学习、人机交互、计算机视觉、语音识别、机器人等13个智能产业的重点领域进行人才情况分析。截止到2018年底，在这13个领域中，共有3211位中国学者（见图4－6）。重庆在其中的4个领域共有学者20位，计算机视觉领域有9人、计算机图形学领域有6人、可视化技术领域有3人，人机交互领域有2人，仅占全国总人数的0.62%，与北京（1097人）、上海（406人）、广东（624人）等地相比存在巨大差距，产业的高端人才极为匮乏，这与重庆所处的地理位置和经济水平有较大关系。

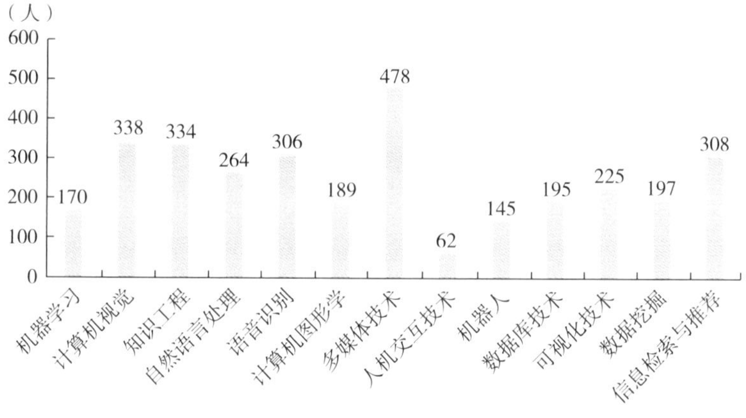

图4－6 全国人工智能高端人才分布

资料来源：《2019人工智能发展报告》。

（二）行业实用人才

1. 总体情况

仅从人工智能领域来看，截至2018年底，中国人工智能人才投入总量达

201281人，人才整体呈现东多西少的态势。由图4-7可以看出，人才投入量排名全国第一的是北京，占全国的13.59%，优势最为明显；其次是江苏和陕西，人才投入量分别占全国的9.59%和8.99%，分别排名第二和第三；重庆的人才投入量为7134人，占全国的3.54%，排名第十四，处于中等水平，与发达省市还是存在较大差距。

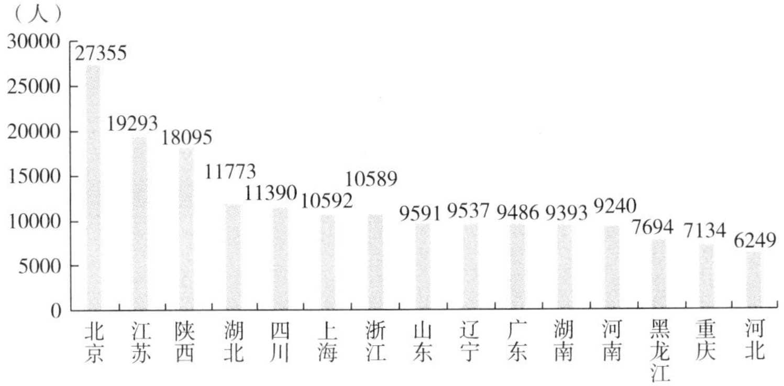

图4-7　全国人工智能人才区域分布（部分）

资料来源：清华大学中国科技政策研究中心。

从大智能产业领域来看，2018年全国从业人员为1493.83万人。其中，广东的从业人员最多，为435.60万人；江苏排名第二，从业人员为231.21万人；北京排名第三，从业人员为99.00万人；重庆的从业人员为32.30万人，排名第十。

2. 人才供给情况

为便于统计分析，本书以重庆市教育委员会发布的《重庆市2019届普通高校毕业生就业情况报告》和重庆各大高校就业网上发布的2019届毕业生的生源数据为基础，选取了与12大智能产业相关专业的毕业生数据分析重庆智能产业的人才供给情况。

（1）人才供给总体情况。

重庆市2019届普通高校共有本科及以上学历毕业生12.9万人。从学历层次来看，本科生 11.3 万人，占 87.6%，研究生 1.6 万人，占 12.4%。从性别来看，男生 5.4 万人，占 41.9%，女生 7.5 万人，占 58.1%，男女生比约 0.72:1。2019 届毕业生中，智能产业相关专业的毕业生有 1.3 万人。其中，本科生占 97.4%，研究生占 2.6%（见图 4-8）。男生占 75.1%，女生占 24.9%（见图 4-9）。可见，现阶段智能产业相关专业中本科毕业生的占比较高，重庆高校输出的人才主要以应用型为主，高学历人才供应较为缺乏。此外，相关专业的男生明显多于女生，与全市毕业的整体情况恰好相反，说明男性更愿意选择与智能产业相关的专业和行业。

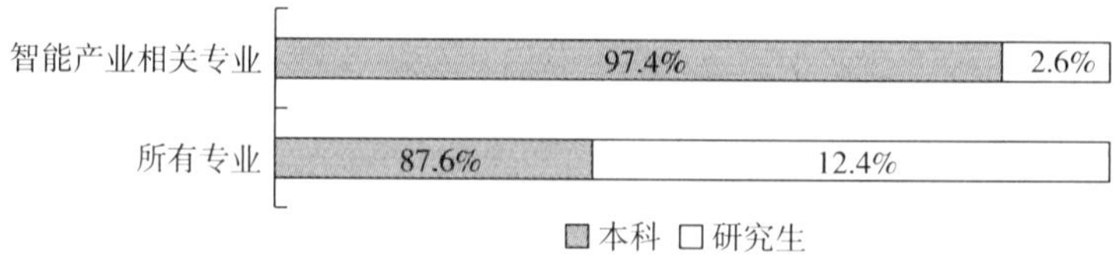

图 4-8 重庆智能产业相关专业人才学历占比情况

资料来源：根据《重庆市 2019 届普通高校毕业生就业情况报告》数据整理。

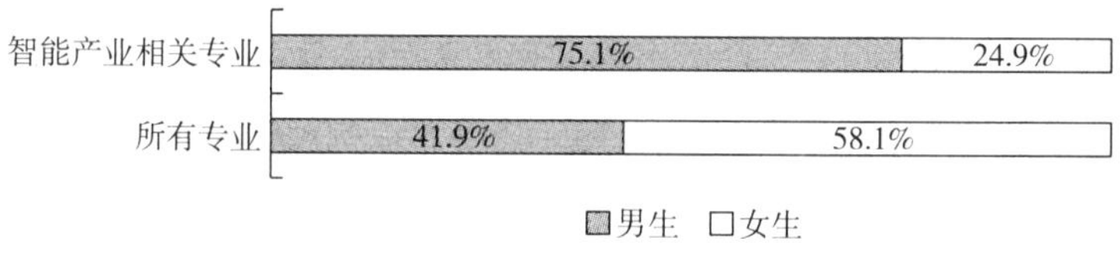

图 4-9 重庆智能产业相关专业人才性别占比情况

资料来源：根据《重庆市 2019 届普通高校毕业生就业情况报告》数据整理。

（2）分类人才供给情况。

为进一步了解重庆智能产业的人才供给情况，我们按基础研究人才、开发应用人才、工程技术人才和运营管理人才分别进行分析。

在基础研究人才中，本科毕业生占 93.0%，研究生占 7.0%，人才学历层次以本科毕业生为主；男性占 77.9%，女性占 22.1%，人才性别分布以男性为主；专业分布以计算机科学与技术、电气工程及其自动化、机械设计制造及其自动化、信息管理与信息系统、机械电子工程和自动化为主，专业涵盖较广；就业行业以信息传输、软件和信息技术服务业、科学研究和技术服务业为主。

开发应用人才中，全部为研究生学历，硕士研究生和博士研究生的占比分别为96.7%和3.3%，硕士研究生学历人才是绝对主力；男性占65.7%，女性占34.3%，人才性别分布以男性为主；专业分布以软件工程、计算机科学与技术、机械电子工程和电子科学与技术等为主，分布较为集中，主要以技术为支撑的学科专业为主；就业行业主要分布在信息传输、软件和信息技术服务业，科学研究和技术服务业。

工程技术人才中，本科毕业生占98.3%，研究生占1.7%，人才学历层次以本科毕业生为主；男性占81%，女性占19%，人才性别分布以男性为主；专业分布以软件工程、机械设计制造及其自动化、计算机科学与技术专业、通信工程、电气工程及其自动化、物联网工程、自动化、网络工程等为主，涵盖面广，涉及软件类、机械类、计算机类、自动化类和通信类；就业行业主要以信息传输、软件和信息技术服务业、制造业为主。

运营管理人才中，本科毕业生占99.3%，研究生占0.7%，人才学历层次以本科毕业生为主；男性占73%，女性占27%，人才性别分布以男性为主；专业分布以计算机科学与技术、机械设计制造及其自动化专业、通信工程、软件工程、物联网工程、电子信息工程和信息管理与信息系统等为主，涵盖计算机类、机械类、通信类和软件类；就业行业主要以信息传输、软件和信息技术服务业、制造业为主。

3. 人才需求情况

（1）人才需求总体情况。

我国智能产业虽然起步较晚、前期积累不足，但国家和地方政府都高度重视其发展，智能产业将迎来爆发式增长。据工信部数据和国家新一代人工智能发展规划，2019 年我国人工智能核心产业规模达到 510 亿元，到 2020 年将突破 1500 亿元。重庆的智能产业发展也在提速，《重庆市推动制造业高质量发展专项行动方案（2019－2022年）》提出，将推动产业升级和产业链完善，建设智能产业的全产业体系，预计大智能产业的销售收入将从2018年的4640亿元增长到2022年的10000亿元。按照此产业规模目标，重庆人工智能产业的人才需求将由2018年的29.74万人增加到2022年的39.68万人，现阶段的人才供给很难满足产业需求，人才需求的缺口相当大，如图4－10所示。

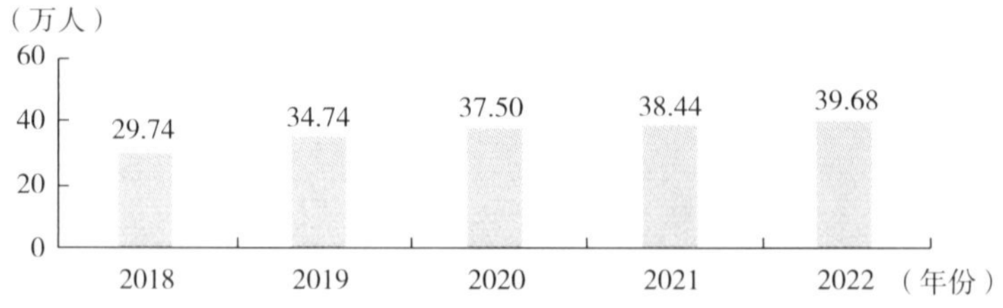

图4－10 重庆智能产业人才需求数量测算及预测

资料来源：《重庆市制造业人才需求指导目录（2019－2022）》。

（2）人才专业及学历要求情况。

人工智能属于典型的知识密集型产业，行业内企业对人才普遍存在专业方面的要求。根据工信部人才交流中心发布的《人工智能产业人才发展报告（2019－2020）》显示，全国人工智能领域热门需求专业包括计算机科学与技术、软件工程等，除小部分是商科专业外，均为具有较强专业技术的工科专业（见图4－11），可见行业对专业人才的需求较大。

通过从重庆市各高校就业网、前程无忧、智联招聘、汇博网、BOSS直聘、联英人才等网站抓取到的人才招聘信息可以发现，重庆地区的对智能产业人才的需求主要集中在计算机类、通信类、电子信息类、自动化类和机械类专业。对基础研究类人才以研究生学历为主，开发应用、工程技术人才以本科和专科为主，运营管理人才以本科为主。

（3）人才能力素质要求情况。

智能产业对人才的业务能力、工作经验、教育背景、职业道德等方面都有较高的要求。随着人工智能的持续演进，智能产业相关技术和应用的更迭速度

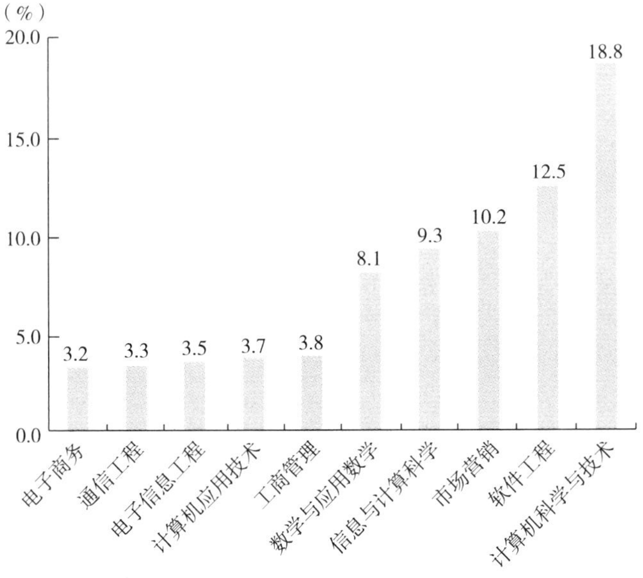

图 4－11　人工智能产业十大热门专业

资料来源：《人工智能产业人才发展报告（2019－2020）》。

不断加快，仅具备单一能力的产业人才已无法匹配企业的实际需求。产业内迫切需要具备综合能力、专业知识能力、技能能力以及工程实践能力等多维能力的人才队伍。

基础研究人才重点考察其创新能力以及带领研究团队提出、分析和解决智能产业领域前沿技术问题的能力，侧重人才的研究能力、学习能力、学术能力及开发能力。通常要求具备需要技术领域技能，如人工智能深度学习及机器学习等，还需要扎实的基础理论以及对算法编程语言的熟练掌握。

开发应用人才重点考察其在智能产业领域进行前沿应用技术突破和共性技术集成的能力以及相关成果应用的创新能力，注重软件开发能力与沟通协调能力，并要求有较强的独立性。通常需要掌握较多的基础编程技能，并具备较强的独立开发能力。

工程技术人才重点考察其提供 AI 应用场景解决方案、设计应用流程、应用成果进行产业化、搭建数据管理与服务平台的能力以及促进产业转型升级、带动行业提质增效的能力，注重人才对维护管理、测试运维能力，沟通协调、团队合作能力以及个人综合素质。通常侧重计算机、自动化、云计算等专业技能，需要架构设计、监控调试、检测调优等综合技能，同时需要掌握操作系统、数据库等基础技能。

运营管理人才重点考察其利用人工智能工具和方法进行市场需求分析、生产流程优化、供应链与物流管理等，实现资源配置效率提升的能力以及健全数据管理体制机制的能力，侧重人才的组织能力、协调能力和沟通能力。通常要求具备需求分析、数据分析等综合技能，同时需要物联网、人工智能、系统架构等专业技能以及更好的文字处理能力。

4. 人才培养情况

在重庆智能产业人才供给不足的大背景下，重庆各大高校按照重庆市委市政府大数据促智能化战略的部署，纷纷立足产业实际需求，依托自身优势采取诸多应对措施，积极推动智能产业人才的培养。

2019 年 3 月，在传统电子信息类、计算机类、数学类专业的基础上，教育部正式将人工智能列为国内高校的本科专业，专业代码为 080717T，学位授予工学门类。自此，人工智能产业专项人才的培养进程开始加速，人工智能专业的设立也加速了人工智能与基础教育学科融合，有助于培养出一批具备多专业、跨学科认知的复合型人工智能产业人才。全国共有 35 所高校获首批建设资格，重庆仅有重庆大学 1 所高校获批。2020 年 2 月，教育部公布了第二批新增人工智能本科专业的高校，全国共有 180 所。其中，重庆新增 4 所高校，分别是重庆邮电大学、重庆文理学院、重庆交通大学和重庆邮电大学移通学院。从学校层次来看，重庆近两年新增人工智能本科专业的院校既有传统老牌名校重庆大学，也有重庆邮电大学移通学院这类独立学院代表，不同层次的高校共同推进了人工智能基础研究型人才和应用型人才的培养。从横向对比来看，重庆新增人工智能专业的高校仅有 5 所（见图 4－12），与其他省份相比明显偏少，远低于江苏、北京、山东、四川等地，重庆高校的人工智能学科及专业建设之路任重道远。

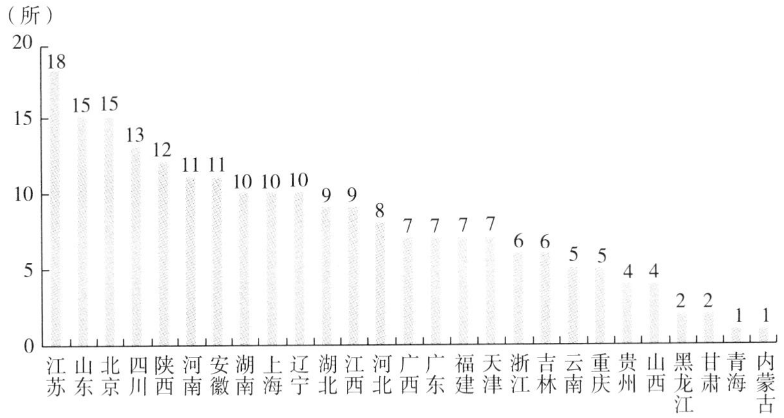

图4－12　新增人工智能本科专业高校数量区域分布

资料来源：根据教育部普通高等学校本科专业备案和审批结果数据整理。

当前，重庆普通高等学校的人工智能人才培养呈现多学科融合发展的特点。各高校除增设人工智能专业外，也新增了大数据、智能化类等新工科相关专业。在现设专业中，计算机科学与技术、电子信息工程等专业方向是孕育人工智能技术人才的主要专业方向。根据重庆市教委2018年发布的本科高校大数据智能化类特色专业建设项目名单，全市共有重庆大学、西南大学、重庆师范大学、重庆邮电大学、重庆交通大学、重庆理工大学、重庆人文科技学院等15所高校入选，涉及各种类型的高校，涵盖计算机科学与技术、软件工程、自动化、物联网工程等15个专业。在行业融合的背景之下，高校也纷纷加强“人工智能＋”的跨学科专业，覆盖计算机、数学、电子信息、统计学、心理学等多个专业领域。

近年来，国内各高校除设立人工智能及相关专业外，同时着手建立相关教学与研究机构，如北京大学、清华大学、浙江大学等国内顶尖高校，均成立了人工智能研究院、人工智能学院等机构，开展包括数理基础、认知科学基础、智能感知、机器学习、类脑计算、人工智能治理以及智能医疗、智能社会等方面的研究，旨在培养并输出具备人工智能基础研究能力的研究型人才。重庆各大高校在科教兴市和人才强市行动计划指引下，也纷纷抓住智能产业的发展机遇，以产业发展为导向，创新高等学校办学机制，积极与国内著名大学、行业知名企业合作，共建各类人工智能学院和研究院，充分借助区域外多元化的优势资源加强自身学科和专业实力，探索高等学校新型发展路径，推动人工智能学院建设工作。据统计，截止到2019年底，重庆已有10所高校通过自建或合作方式成立了人工智能学院（见表4－10），大力培养基础研究型和应用开发型人才。

表4－10 重庆高校建设的人工智能学院名单

学校	学院	建设方式
西南大学	人工智能学院	自建
重庆理工大学	两江人工智能学院	与北京大学合作
重庆邮电大学	人工智能学院	与电子科技大学合作
西南政法大学	人工智能法学院	自建
重庆师范大学	智能科学学院	自建
重庆科技学院	中科智能技术与工程学院	与国科大重庆学院合作
重庆三峡学院	三峡人工智能学院	与北京理工大学合作
重庆人文科技学院	大数据与人工智能学院	与中兴通讯合作
重庆工程学院	大数据与人工智能学院	与腾讯云合作
重庆邮电大学移通学院	智能工程学院	自建

注：本表中收集的人工智能学院仅包括以“人工智能”或“智能”命名的学院。

资料来源：根据重庆各高校网站数据整理。

第五章　重庆智能产业人力资源开发实证研究

为进一步分析重庆智能产业的人力资源开发情况，可通过测度其开发度进行定量衡量。人力资源开发度，即人力资源的开发程度或开发水平，是指对人力资源的数量、结构及使用效率的综合评价，这种评价既可以针对某个区域，也可以针对某个产业。人力资源开发度的评价内容十分丰富，涵盖了在人才吸引力、人才活力、人才实力、人才潜力等人才竞争力的本质属性。因此，对人力资源开发度或人力资源开发水平的评价其本质是对人才竞争力的综合考量。人才竞争力的水平与发展趋势怎么样、提升的途径是什么，都可以通过构建人才竞争力评价指标体系进行解决。

第一节　国内外人才竞争力评价模型及指标体系

当前，学术界对国家、区域、产业人才竞争力的评价已进行了较多研究，在评价模型选择、评价指标体系构建等方面取得了不少成果，这些研究成果为测度重庆智能产业人力资源开发度提供了有益的参考。

一、常见的人才竞争力评价方法

国内外学者在评价人才竞争力时，主要通过建立计量经济模型对竞争力水平进行定量测度，常见的方法有以下几种。

（一）层次分析法

层次分析法简称 AHP，是一种将与决策有关的元素分解成目标、准则、方案等层次后进行定性和定量分析的决策方法。基本思路是将所要分析的问题层次化，根据问题的性质和所要达成的总目标，将问题分解为不同的组成因素，并按照这些因素的关联影响及其隶属关系，将因素按不同层次凝聚组合，形成一个多层次分析结构模型。最后，对问题进行优劣比较并排列。

（二）主成分分析法

主成分分析法通过降维将原来众多具有一定相关性的指标重新组合成一组新的边界清晰、数量更少的综合指标来代替原来的指标，这些新的综合指标保留了原始变量的主要信息，同时彼此之间又不相关，比原始变量具有更优越的性质，更能反映问题的实质，并能减少计算的工作量，提升评价的准确性。

（三）因子分析法

因子分析法是从研究指标相关矩阵内部的依赖关系出发，把一些信息重叠、具有错综复杂关系的变量归结为少数几个不相关的综合因子的一种多元统计分析方法。基本思想是根据相关性大小把变量分组，使得同组内的变量之间相关性较高，但不同组的变量不相关或相关性较低，每组变量代表一个基本结构——公共因子。

（四）模糊综合评价法

模糊综合评判是以模糊数学为基础，应用模糊关系合成的原理，将那些边界不清、不易定量的因素定量化，进行综合评价的一种方法。它是模糊数学在自然科学领域和社会科学领域中应用的一个重要方面，具有结果清晰、系统性强的特点，能较好地解决模糊的、难以量化的问题，适合各种非确定性问题的解决。

（五）网络分析法

网络分析法是一种适应非独立递阶层次结构的决策方法，它是在层次分析法基础上发展而成的一种新的实用决策方法，考虑到了各因素或相邻层次之间的相互影响，利用“超矩阵”对各相互作用并影响的因素进行综合分析得出其混合权重，是一种比层次分析法更有效、更准确且实用的评价方法。

（六）熵值法

熵值法是根据各指标传输给决策者的信息量大小确定指标权数的方法。在信息理论中，熵值是系统无序程度的量度，可以度量数据所提供的有效信息。某项评价指标的差异越大，熵值越小，该指标包含和传输的信息越多，相应的权重越大。

（七）变异系数法

变异系数是统计中常用的衡量数据差异的统计指标，这种方法根据各个指标在所有被评价对象上观测值的变异程度大小来对其赋权。为避免指标的量纲和数量级不同所带来的影响，该方法直接用变异系数归一化处理后的数值作为各指标的权数。

（八）BP 神经网络算法

BP 神经网络算法是一种按误差逆传播算法训练的多层前馈网络，是应用最广泛的神经网络模型之一。BP 神经网络算法是在 BP 神经网络现有算法的基础上提出的，是通过任意选定一组权值，将给定的目标输出直接作为线性方程的代数和来建立线性方程组，解得待求权，不存在传统方法的局部极小及收敛速度慢的问题，且更易理解。

（九）灰色关联度法

灰色关联度法是灰色系统分析方法的一种，根据因素之间发展趋势的相似或相异程度，即“灰色关联度”，作为衡量因素间关联程度的一种方法。该方法首先是求各个方案与由最佳指标组成的理想方案的关联系数矩阵，由关联系数矩阵得到关联度，再按关联度的大小进行排序、分析，得出结论。

二、国内外人才竞争力评价指标体系

近年来，借助以上评价方法，国内外不少学者和机构根据自己对人才竞争力内涵的理解，从多个维度建立人力资源开发水平或人才竞争力的评价指标体系，对国家、区域、产业的人力资源开发水平或人才竞争力进行评价。

当前，国际上最具影响力的评价指标体系是欧洲工商管理学院（INSEAD）每年发布的《全球人才竞争力指数报告（GTCI）》。INSEAD 主要从国家在生产和获得人才方面所做的投入以及由此产生的可用技能类型（产出）两个方面构建评价指标体系，对全球主要国家和地区的人才竞争力情况进行分析，其构建的指标体系如表 5－1 所示。

表 5－1 INSEAD（2020）全球人才竞争力评价指标体系

一级指标	二级指标	三级指标
人才投入	环境营造投入	人均 GDP（购买力评价）
		互联网速度（每秒平均兆位）
		经商容易程度
	人才吸引投入	拥有全球 2000 强公司（总部）
		外来人口占总人口比重
		FDI 项目数
	人才增长投入	重点大学（最多三所顶尖大学的平均分）
		高等教育入学率
		创造的外国直接投资工作岗位数
	人才保留投入	安全性（每十万居民中的凶杀率）
		环境质量（PM10 浓度的年平均值）
		交通旅行时间
		负担能力（每小时总工资的购买力）
人才产出	知识技能	受过高等教育的人口占比
		专利申请（总计）
		机场连通性（旅客总数）
	职业和技术技能	受过中等教育的人口
		就业能力

人才投入。主要考察国家为吸引、选拔、发展和留住人才以满足其战略需求而投入的政策、资源和付出的努力，涉及四个方面。环境营造反映了监管和商业环境（包括有关竞争，管理实践和劳动力市场运作的问题）在多大程度

上为人才和产业发展创造了良好的氛围。其他三个方面描述了人才竞争力的三个杠杆，分别侧重于各国在吸引、增长和保留人才方面正在做的事情。

人才产出。主要描述和衡量由于上述政策、资源和努力而产生的一个国家的人才素质。它分为职业和技术技能（中级技能）和全球知识技能（高级技能）两个层次。职业和技术技能描述了具有通过职业或专业培训和经验而获得的技术或专业基础的技能，可通过就业能力来评估。全球知识技能主要指专业、管理或领导角色的知识工作者所需要的创造力和解决问题的能力，可通过创新、企业家精神和高价值产业发展来评估。

郭跃进等（2014）从人才的投入、产出和环境三个维度构建评价指标体系，对全国各省份的科技人才竞争力进行综合评价，构建的指标体系如表5-2所示。

表5-2　郭跃进等（2014）区域人才竞争力评价指标体系

一级指标	二级指标	三级指标
人才投入	数量投入	R&D从业人员
		R&D人员全时当量
	时效投入	R&D项目参加人员折合全时当量
环境建设	生活环境	R&D人员人均劳务费
		城镇居民消费水平
		人均城市道路面积
		人均公园绿地面积
	经济环境	人均GDP
		人均财政收入
	工作环境	有研发活动的企业个数
		R&D内部支出经费
		R&D外部支出经费
		科技活动财政支出
成果产出	直接成果	国内有效专利数
		每万名科研人员获得专利授权数
		R&D人员发表科技论文数
	经济成果	技术市场成交额
		技术市场成交合同

人才投入。人才投入重点考察对科技人才的数量投入和质量投入，反映不同地区政府对创新活动的重视程度，主要包括 R&D 人员的数量投入和时效投入两个方面。

环境建设。环境建设重点考察为吸引科技人才对各种环境的打造，反映环境对科技人才的影响，主要包括生活环境、经济环境和工作环境三个方面。

成果产出。成果产出重点考察科技人才创造的创新成果和产生的经济效益，反映在各种投入影响下科技人才的贡献，主要包括直接成果和经济成果两个方面。

刘泽双等（2014）从人才资源、人才发展和人才环境三个维度构建评价指标，并基于三角模糊数网络分析法（Fuzzy - ANP）对关天经济区人才竞争力进行评价，构建的指标体系如表 5 - 3 所示。

表 5 - 3 刘泽双等（2014）人才竞争力评价指标体系

一级指标	二级指标	三级指标
人才资源竞争力	人才资源水平	人口总量
		人才总量
		年底从业人员数
		人才资源率
		人才密度
		人才密度系数
	人才效能水平	人才学历指数
		人才年龄指数
		人才职称指数
		人才效益
		人才效能
人才发展竞争力	高级人才水平	高级人才数量
		高级人才密度
	高等教育水平	高等院校数量
		本科在校人数
		成人高等院校数量
		成教在校人数

续表

一级指标	二级指标	三级指标
人才发展竞争力	人均科研培训水平	每人科研活动支出
		规模以上工业企业员工人均培训费用
人才环境竞争力	政策及企业支持水平	政府的相关政策
		中介组织对人才发展投入的费用
		区域内世界500强企业入驻数
		风投企业对技术型人才成果投入资金量
	人均基础设施水平	每万人拥有的医疗机构数量
		每人绿地面积
		每人日生活用水量
		每人住房面积
		每人道路面积
		每万人公共交通车辆

人才资源竞争力。反映人才的现实情况，重点考察人才资源水平和人才效能水平。

人才发展竞争力。反映人才的潜在竞争力，重点考察高级人才水平、高等教育水平和人均科研培训水平。

人才环境竞争力。反映影响人才发展的外部因素，重点考察政策及企业支持水平和人均基础设施水平。

林喜庆等（2015）基于竞争力的运动过程，从人才现实竞争力和人才潜在竞争力两个方面构建城市科技人才竞争力评价指标体系，并运用 AHP 法对我国北京、天津、上海、重庆 4 个直辖市的科技人才竞争力进行了分析，构建的指标体系如表 5－4 所示。

人才现实竞争力。反映的是内在竞争力，涵盖人才的规模力、质量力和创新力 3 个方面。规模力，即一座城市人才的数量多少，是影响当地人才竞争力最基本的因素。质量力，即一座城市人才队伍中，高素质的科技人才所占的比重，反映当地人才的素质状况。创新力，即一座城市人才创新活动的成果水平。

表 5-4 林喜庆等（2015）城市科技人才竞争力评价指标体系

一级指标	二级指标	三级指标
人才现实竞争力	规模力	R&D 人员全时当量
		大专及以上人口
	质量力	R&D 人员中科学家和工程师比重
		科技活动人员中科学家和工程师比重
	创新力	国家产业化计划项目数
		国内三种专利授权数
		国外主要检索工具收录科技论文数
		技术市场成交合同金额
		研究与开发机构科技活动课题数
		高等院校 R&D 课题数
人才潜在竞争力	培养力	高等学校普通本、专科在校学生数
		高等学校/机构在校研究生数
	投资力	人均科技经费内部支出额
		人均国家财政性教育经费
	环境力	人均地区生产总值
		城镇单位就业人员平均劳动报酬
		研究与开发机构数
		大中型工业企业中有科技机构的企业数
		高等学校数
		公共图书馆数

人才潜在竞争力。反映的是外部竞争力，考察一座城市对人才的培养力、投资力和环境力。培养力，表现一座城市一定时期内能培养人才的数量。投资力，表现一座城市一定时期内的科技和教育的投资力度。环境力，表现影响人才成长的各种外部环境要素。

张熠等（2016）基于人才可持续发展的视角，从可持续发展、人才投入、人才产出、环境建设四个方面构建科技创新人才竞争力评价指标，并综合应用 AHP 法和灰色关联分析法构建数学模型，对湖北省科技创新人才开发水平进行了测度，构建的指标体系如表 5-5 所示。

表 5 -5　张熠等（2016）科技创新人才开发水平评价指标体系

一级指标	二级指标	三级指标
科技人才开发水平	可持续发展	在校研究生数
		高等学校和科研机构数
		35 岁以下科技活动人员数
		教育投入占 GDP 比重
	人才投入	科技创新人才总量
		科技创新人才占就业人才比例
		科技创新人才增长率
		政府科技经费投入占 GDP 比重
		科技创新人才人均经费
	人才产出	科技创新人才人均发明专利数
		科技创新人才人均科技论文数
		科技创新人才人均技术合同成交额
		获省级及以上科技奖励成果数
		高新技术产业产值占工业总产值比重
	环境建设	人均 GDP
		GDP 增长率
		科技创新人才人均劳务费
		高新技术企业数
		城镇居民人均可支配收入
		城镇居民人均居住面积

可持续发展。重点考察科技创新人才的潜在情况，涉及教育投入、机构数量、未来人力资源数量等方面。

人才投入。重点考察科技创新人才的投入情况，涉及现有科技人才的数量、质量、增长情况及经费投入情况等方面。

人才产出。重点考察科技创新人才各类型成果的产出情况，涉及科技人才的科技成果、效益产出等方面。

环境建设。重点考察环境建设方面的情况，涉及社会、科技、经济等方面。

司江伟等（2017）从人才规模、人才结构、人才投入、人才产出和人才支持五个维度构建评价指标体系，并综合应用德尔菲法、层次分析法、要素加权法和灰色关联度分析等方法构建数学模型，对山东省人才竞争力进行了测度，并分析了人才发展与经济社会发展的关联性，构建的指标体如表5-6所示。

表5-6　司江伟等（2017）区域人才竞争力评价指标体系

一级指标	二级指标	三级指标
区域人才竞争力	人才规模	人才总量
		人才发展密度
		高层次人才队伍
	人才结构	大专及本科人数
		研究生及以上学历人数
		单位从业人才数
		文化创意人才
	人才投入	高等教育投入
		科学技术经费投入
		文教娱乐用品及服务支出
	人才产出	重要科技成果量
		国家级、省级科技成果奖
		专利申请数
		授权专利数
	人才支持	各类文化机构数
		城市居民人均消费支出
		农村居民人均生活消费支出
		社会保障和就业支出

人才规模。重点考察人才及人才团队的总量，反映区域人才数量对竞争力的影响。

人才结构。重点考察不同层次、不同类型人才的数量，反映人才质量对竞争力的影响。

人才投入。重点考察在教育、科技及文化等方面的投入情况，反映各种投入对人才竞争力的作用结果。

人才产出。重点考察科技成果的产出情况，反映人才在各种投入影响下的贡献情况。

人才支持。重点考察社会环境对人才的支持作用，反映外部环境对人才竞争力的促进作用。

赵紫燕等（2017）基于省市层面，从人才的数量、效能和环境等维度构建评价指标体系，对我国31个省市的人才竞争力进行了评价与比较，构建的指标体系如表5-7所示。

表5-7　赵紫燕等（2017）区域人才竞争力评价指标体系

一级指标	二级指标	三级指标
人才资源竞争力	人才资源总量	15岁以上人口比例
		研究与试验发展人员数
		教学与科研人员数
	人才素质	人口平均预期寿命
		每万人拥有卫生技术人员数
		文盲人口15岁以上人口占比
		每万人口中大专以上学历人员数
人才效能竞争力	经济贡献和科技贡献	专利密度
		三种专科申请和合计量
		规模以上工业企业新产品销售收入
		技术市场输出技术成交金额
		技术市场吸纳技术成交金额
		高新技术产业年末从业人数
		高新技术产业净利润
		战略性新兴产业发明授权量增速
人才环境竞争力	成长环境	高等学校数
		教育经费投入
		生活环境得分

续表

一级指标	二级指标	三级指标
人才环境竞争力	制度环境	保障环境得分
		劳动市场的流动性和开放度
		科学家和工程师的比例
		创业就业环境得分
		资金和流动人口的限制
	人才吸引倾向	居民人均可支配收入
		总人口抚养比
		义务教育质量
		排在前 100 名的大学数量

人才资源竞争力。主要包括现有人力资源的存量、流量、素质等对城市发展具有重要作用的要素，目的是用来评估现有人才资源状况，涵盖人才资源总量和人才素质两个方面，反映各省份人才存量和人才素质。

人才效能竞争力。主要指人才产出效益，目的是用来评估当地现有的人才资源潜力是否得到有效释放以及人才资源是否得到合理利用，包含人才资源的经济贡献和科技贡献。

人才环境竞争力。人才环境是吸引人才的核心因素和实现人才资源聚集的关键，既包括城市自身的经济社会环境，也包含各类人才政策制度等软件条件，集中体现在成长环境、制度环境和人才吸引倾向方面。

刘佐菁（2018）等结合科技人才的特点从五个方面构建评价指标体系，并运用 PCA 分析法对我国各省份的科技人才竞争力进行了实证分析，构建的指标体系如表 5－8 所示。

人才规模。重点考察 R&D 人才的总量，反映区域人才现实及潜在数量对竞争力的影响。

人才结构。重点考察不同层次、不同年龄、不同职称人才的数量，反映人才结构对竞争力的影响。

人才投入。重点考察在教育和科技的投入情况，反映各种投入对人才竞争

表 5－8　刘佐菁等（2018）科技人才竞争力评价指标体系

一级指标	二级指标	三级指标
区域科技人才竞争力	人才规模	R&D 从业人员总量
		R&D 从业人员增长率
		每万人从事科技活动人数
		每万人口普通高校在校学生数
	人才结构	科技人才学历指数
		科技人才年龄指数
		科技人才职称指数
		科技人才地区分布均衡度
	人才投入	R&D 经费投入规模
		R&D 经费投入强度
		地方财政科技投入强度
		地方财政教育支出强度
	人才产出	发明专利申请量
		科技人才人均发明专利数
		科技人才人均发表论文数
		科技人才人均技术市场成交额
	发展环境	人均 GDP
		高新技术企业数量
		高等学校与科研机构数量
		近 3 年出台的科技或人才政策数

力的作用结果。

人才产出。重点考察专利、论文、成果转化等产出情况，反映人才在各种投入影响下的贡献。

发展环境。重点考察经济、科技、政治、社会等环境对人才的支持作用，反映外部环境对人才竞争力的促进作用。

程名君（2018）从人才自身竞争力和人才环境竞争力两个方面构建内陆自贸区人才竞争力评价指标体系，对重庆、河南、四川、湖北和陕西 5 个内陆自贸区的人才竞争力情况进行了分析，构建的指标体系如表 5－9 所示。

表 5－9 程名君（2018）自贸区人才竞争力评价指标体系

一级指标	二级指标	三级指标
人才自身竞争力	人才规模	普通本科毕业生数
		普通高校研究生毕业生数
		R&D 人员全时当量
	人才质量	每十万人口高等学校平均在校生数
		万人 R&D 从业人员数
		就业人员中本科学历占比
		就业人员中研究生学历占比
	人才成果	人均专利申请授权数
		万人输出技术市场成交额
		人均地区生产总值
人才环境竞争力	经济环境	地区经济增速
		城镇居民人均可支配收入
		第三产业增加值占 GDP 比重
		货物进出口总额
	科技环境	知识产权保护力度
		R&D 投入强度
		高技术产业企业数
	教育环境	人均教育支出
		高等学校数量

人才自身竞争力。这是人才竞争力的显性指标，主要考量人才本身对竞争力的决定作用，涵盖人才规模、人才质量、人才成果三个方面。

人才环境竞争力。这是人才竞争力的隐形指标，主要考量外部环境因素通过作用于人才本体促进经济发展，涵盖经济环境、科技环境、教育环境三个方面。

王迎冬等（2019）从人才资源、人才支持、人才效能维度构建评价指标体系，综合应用多种方法对苏北地区人才竞争力进行了实证分析，构建的指标体系如表 5－10 所示。

表 5－10　王迎冬等（2019）区域人才竞争力评价指标体系

一级指标	二级指标	三级指标
人才资源	人才数量	大专以上学历从业人员
		本科生占比
		研究生占比
	人才结构	国务院特殊津贴专家
		市级以上有突出贡献中青年专家
		获省“双创人才”资助人数
		江苏省“333 工程”人数
		英才计划创新创业领军人才人数
		英才工程人才人数
人才支持	资本投入	人才专项经费支出
		人才工作经费支出
	R&D 投入	全社会 R&D 投入
		全社会 R&D 投入占 GDP 比例
	平台投入	引进高校院所设立研发机构
		省产学研联合重大创新载体
		企业工程技术研究中心
		市级以上重点实验室
		众创空间
		省级以上孵化器总数
		科技公共服务平台
人才效能	科技成果	专利授权数量
		新认定省级高新技术产品数
		省重大科技成果转化项目数
	经济成果	高新技术产业产值
		高新技术产业产值占工业产值比例

人才资源。主要考察当地拥的人才数量和人才结构。人才数量主要通过不同学历人才的数量情况进行反映，人才结构通过国家、省、市级人才数情况进行反映。

人才支持。主要考察当地对人才的投入，包括资本投入、R&D 投入和平台投入三个方面，反映了对人才引进及培养的力度，其中平台投入涉及创新平台和创业平台两部分。

人才效能。主要考察当地人才的产出成果，包括科技成果和经济成果两个方面。

三、现有研究模型及评价指标体系总结

通过对现有文献的梳理，可以发现当前国内外学者的研究成果并不多，主要集中在对国家、区域和科技人才竞争力的评价方面，提出的研究方法和评价体系各不相同。总体来看，现有研究在一定程度上完善了人力资源开发领域的理论，但还未形成较统一的理论体系和研究方法，对于产业人才竞争力的评价成果更是稀少，相对于管理学科其他领域的快速发展，理论研究显得较为滞后。因此，对于产业人才竞争力评价体系需要继续进行探索，可重点关注以下两个方面。

第一，完善人才竞争力评价方法和模型。在借鉴国内外理论模型的基础上，结合产业特点和人才竞争力分析目标，引入更有效的计量方法，改进理论模型和评价方法，设计更加科学的产业人才竞争力分析方法，形成具有实践指导意义的产业人才开发建议。

第二，完善产业人才竞争力评价指标体系。结合我国经济高质量发展战略和产业转型升级战略，认真剖析中国独特的制度和文化，加强现有人才竞争力评价指标体系的系统性、全面性和科学性，提出更加符合产业需求的人才竞争力评价框架，进一步丰富人力资源开发内涵及理论框架，为地方产业发展和人才强国战略提供理论支撑。

第二节 重庆智能产业人才竞争力评价指标体系构建

产业人才竞争力是一个相对抽象的概念，涵盖的范围较广，涉及产业拥有

的人才规模、结构、效能以及影响产业人才发展的投入、政策、环境等诸多方面，虽然每个方面都可通过一些具有代表性的指标进行相对具象化的评价，但对其进行综合评价仍是一项较为复杂的系统工程。这项工程的核心是按照一定的构建原则，选定评价指标和评价方法进行指标体系构建。

一、构建原则

我们在构建重庆智能产业人才竞争力评价指标体系过程中，遵循以下原则。

（一）科学性原则

选择的数据真实、客观、有效，指标的权重确定尽量客观，避免随意性对评价结果造成的影响。评价指标体系的设计要科学合理，选取指标时尽量选取定量指标。评价模型使用的相关计算公式、评价方法应该是公认的，并且经过了检验，理论依据明确。

（二）可操作性原则

选取的指标要能够达到评价的目的，并且有数据来源。每一项评价指标的数据都能直接或间接获得。对于无法达到评价目的或数据不确定的指标，直接排除在指标体系之外。

（三）独立性原则

选取的每一项指标都要有清晰的内涵，彼此之间尽量不存在因果关系，指标与指标间相对独立，尽量涵盖评价内容的各个方面，客观反映综合竞争力的真实水平。

（四）简洁性原则

评价指标的选择应遵循少而精的理念，不刻意追求指标的数量，优先选用那些更能体现质量的指标，注重指标在评价过程中所起的作用，希望把复杂、隐形的产业人才竞争力变得可以计量和比较。

二、评价指标体系

（一）指标设计步骤

第一，通过梳理国内外已有的人才竞争力评价指标体系，并结合重庆智能产业人才发展的实际情况，初步确定重庆智能产业人才竞争力评价指标体系的基本框架。

第二，运用德尔菲法，通过问卷调查，咨询产业经济和人力资源研究专家的意见，并结合指标构建原则对指标进行筛选。

第三，根据第二步的结果，再次设计问卷，对专家进行第二轮和第三轮意见征询和调整，直到专家对指标选择的意见趋向一致。

第四，根据专家意见，确定最终评价指标，并逐项进行解释说明。

（二）评价指标体系构成

对于产业人才竞争力，目前还没有较清晰的界定，本书借鉴产业竞争力的概念，将其定义为一个国家或地区的特定产业在人才数量、质量、结构和环境等方面所体现出的综合竞争能力。基于竞争力的运动过程和作用周期，综合专家的最终意见，我们将人才竞争力分为人才现实竞争力和人才潜在竞争力两大类，并按照“三级叠加、逐层收敛”的原则，从人才资源、人才贡献、人才投入、开发支撑和发展环境五个维度设计了智能产业人才竞争力的三级指标评价体系，如表5－11所示。

表5－11　智能产业人才竞争力评价指标体系

一级指标	二级指标	三级指标	单位	指标性质
人才现实竞争力	人才资源	行业从业人员数量	万人	正
		行业顶尖人才数量	人	正
		行业R&D人数占从业人数比重	%	正
	人才贡献	行业核心知识产权申请量	件	正
		行业有效发明专利数量	件	正
		行业规模以上企业新产品销售收入	亿元	正
		行业人均产值	万元	正
		行业科技成果数量	项	正
人才潜在竞争力	人才投入	普通高等学校生均教育经费	万元	正
		R&D经费投入	万元	正
		一般公共预算支出中教育经费占比	%	正
		地方财政科技投入强度	%	正

续表

一级指标	二级指标	三级指标	单位	指标性质
人才潜在竞争力	开发支撑	每十万人高等教育在校学生人数	人	正
		各类文化机构数	家	正
		高新技术企业数	家	正
		高等学校数量	家	正
		科研机构数量	家	正
	发展环境	人均 GDP	万元	正
		就业人员平均工资	万元	正
		建成区绿化覆盖率	%	正
		居民人均消费支出	万元	正
		空气质量优良天数比例	%	正
		每万人拥有医疗机构床位数	万张	正

1. 人才资源

人才资源维度指标反映了区域内智能产业所拥有的人才总量、素质和结构状况，是智能产业人力资源水平的综合体现。人才规模是保障区域智能产业发展的基础，人才质量是提升竞争力的关键。本书选取的指标包括：行业从业人员数量、行业顶尖人才数量和行业 R&D 人数占比从业人员数比重。

2. 人才贡献

人才贡献维度指标反映了产业人才对区域经济、社会发展的贡献大小，是产业人才产业及创新活动成果的直接体现。本书选取的指标包括：行业核心知识产权申请量、行业有效发明专利数量、行业规模以上企业新产品销售收入、行业人均产值和行业科技成果数量。其中，行业核心知识产权申请量只统计发明专利和集成电路分布图的申请数量。

3. 人才投入

人才投入维度指标主要反映区域一定时期内对人才开发的综合投入，体现当地政府对教育和创新活动的重视程度，与人才开发潜力的培养直接相关。本书选取的指标包括：普通高等学校生均教育经费、R&D 经费投入、一般公共预算支出中教育经费占比和地方财政科技投入强度。

4. 开发支撑

开发支撑维度指标主要反映区域在吸引、选拔、发展和留住人才过程中的外部支撑力量，体现当地的教育、科技和产业发展水平，与人才开发的潜力直接相关。本书选取的指标包括：每十万人高等教育在校学生人数、各类文化机构数、高新技术企业数、高等学校数量和科研机构数量。

5. 发展环境

发展环境维度指标主要反映区域的经济发展、公共服务和生活品质的外部环境建设。发展环境影响人才的工作和生活，优质的发展环境已成为吸引人才的核心因素和实现人才资源聚集的关键，与人力资源潜力开发息息相关。本书选取的指标包括：人均 GDP、就业人员平均工资、建成区绿化覆盖率、居民人均消费支出、空气质量优良天数比例和每万人拥有医疗机构床位数。

三、评价方法

对于人才竞争力的评价，国内外学者提出了较多评价方法，其研究重点在于选定评价指标和对指标赋权，特别是赋权尤为重要。目前，赋权方法主要有三种，包括主观权重法、客观权重法和综合权重法。考虑到主观权重法具有主观随意性，带来的偏差较大，我们采用熵权—TOPSIS 综合评价方法。先用熵权法对评价指标进行赋权，然后结合 TOPSIS 法对不同区域智能产业人才竞争力的情况进行综合评价。

熵权法是一种客观赋值法，通过分析各指标间的关联程度来确定指标的权重，可以减少主观赋值带来的偏差权重分配较为科学，能在较大程度上反映原始信息。TOPSIS 法是一种逼近于理想值的排序方法，适用于通过对比从众多方案或对象目标中找出最佳方案或最优目标。熵权—TOPSIS 法在自然科学和社会科学领域都有广泛的应用，具体运算步骤如下。

（一）数据标准化处理

假设有 i 个地区，j 项指标，X_{ij} 为原始值，Y_{ij} 为标准化值，形成指标原始数据矩阵：

$$X=\begin{bmatrix}X_{11} & \cdots & X_{1j}\\ \vdots & \ddots & \vdots\\ X_{i1} & \cdots & X_{ij}\end{bmatrix}$$

为了得到准确的评价结果，需要对数据进行同趋化和归一化处理，将各指标的值转化为［0，1］之间的数据，消除量纲的影响。

正向指标处理：

$$Y_{ij}=\frac{X_{ij}-\min(X_{ij})}{\max(X_{ij})-\min(X_{ij})} \tag{5-1}$$

负向指标处理：

$$Y_{ij}=\frac{\max(X_{ij})-X_{ij}}{\max(X_{ij})-\min(X_{ij})} \tag{5-2}$$

经过处理后，最终得到标准化数据矩阵：

$$Y=\begin{bmatrix}Y_{11} & \cdots & Y_{1j}\\ \vdots & \ddots & \vdots\\ Y_{i1} & \cdots & Y_{ij}\end{bmatrix}$$

（二）计算各测度指标的比重

$$P_{ij}=Y_{ij}/\sum_{i=1}^{m}Y_{ij} \tag{5-3}$$

（三）计算各测度指标的信息熵

$$E_j=-\frac{1}{\ln m}\sum_{i=1}^{m}P_{ij}\ln P_{ij} \tag{5-4}$$

其中，当$P_{ij}=0$时，0ln0 的值为 0。

（四）计算各测度指标的权重

$$W_j=\frac{1-E_j}{m-\sum_{j=1}^{m}E_j} \tag{5-5}$$

其中，W_j 的范围为［0，1］，j = 1，2，…，m。

（五）构造加权规范化矩阵

$$Z=\begin{bmatrix} Y_{11}\cdot W_1 & Y_{12}\cdot W_2 & \cdots & Y_{1j}\cdot W_j \\ Y_{21}\cdot W_1 & Y_{22}\cdot W_2 & \cdots & Y_{2j}\cdot W_j \\ \vdots & \vdots & \ddots & \vdots \\ Y_{i1}\cdot W_1 & Y_{i2}\cdot W_2 & \cdots & Y_{ij}\cdot W_j \end{bmatrix}=\begin{bmatrix} Z_{11} & Z_{12} & \cdots & Z_{1j} \\ Z_{21} & Z_{22} & \cdots & Z_{2j} \\ \vdots & \vdots & \ddots & \vdots \\ Z_{i1} & Z_{i2} & \cdots & Z_{ij} \end{bmatrix}$$

其中，$Z_{ij}=Y_{ij}\cdot W_j$。

（六）根据加权规范化矩阵确定最优、最劣方案

$$Z^+=(\max Z_{i1},\ \max Z_{i2},\ \cdots,\ \max Z_{ij}) \tag{5-6}$$

$$Z^-=(\min Z_{i1},\ \min Z_{i2},\ \cdots,\ \min Z_{ij}) \tag{5-7}$$

式（5-6）中，Z^+为最优方案（正理想解），式（5-7）中，Z^-为最劣的方案（负理想解）。

（七）计算各评价对象到正、负理想解的距离 D^+和 D^-

$$D_i^+=\sqrt{\sum_j(\max Z_{ij}-Z_{ij})^2} \tag{5-8}$$

$$D_i^-=\sqrt{\sum_j(Z_{ij}-\min Z_{ij})^2} \tag{5-9}$$

（八）计算评价对象与最优方案的贴近度（即人才竞争力指数）

$$C_i=\frac{D_i^-}{D_i^++D_i^-} \tag{5-10}$$

其中，C_i取值范围为［0，1］。C_i值大小反映该地区智能产业人才竞争力的强弱程度，越大表示越强。

第三节 重庆智能产业人才竞争力测度

一、指标数据来源

综合考虑评价指标数据的可获得性和对比样本的可比较性，本书在分析重

庆智能产业人才竞争力问题上，最终选取了北京、天津、上海、江苏、浙江、广东、四川和陕西8个省市与重庆进行对比。选择北京、上海、江苏、浙江和广东是因为这几个省市均是智能产业的发达地区，通过对比更能知道重庆目前存在的差距及努力的方向。选择天津、四川和陕西是因为这几个省市与重庆的产业发展水平相当，历来存在竞合关系，通过了解竞争对手，有利于采取错位竞争策略。

根据前文确定的评价指标体系，共包括23个三级指标，其中大部分指标的数据能直接获取，少部分指标需要进行换算处理，指标数据的具体来源如表5-12所示。

表5-12 评价指标数据来源

评价指标	数据来源
行业从业人员数量	中国人口和就业统计年鉴、中国高技术产业统计年鉴
行业顶尖人才数量	清华大学AMiner平台
行业R&D人数占从业人数比重	中国人口和就业统计年鉴、中国高技术产业统计年鉴、中国科技统计年鉴
行业核心知识产权申请量	中国高技术产业统计年鉴、国家知识产权局
行业有效发明专利数量	中国高技术产业统计年鉴、国家知识产权局
行业规模以上企业新产品销售收入	中国高技术产业统计年鉴、中国科技统计年鉴
行业人均产值	中国人口和就业统计年鉴、中国高技术产业统计年鉴、中国科技统计年鉴
行业科技成果数量	国家科技成果网
普通高等学校生均教育经费	中国科技统计年鉴
R&D经费投入	中国统计年鉴
一般公共预算支出中教育经费占比	全国教育经费执行情况统计公告
地方财政科技投入强度	全国科技经费投入统计公报
每十万人高等教育在校学生人数	中国统计年鉴
各类文化机构数	中国统计年鉴
高新技术企业数	中国科技统计年鉴
高等学校数量	中国统计年鉴
科研机构数量	中国科技统计年鉴

续表

评价指标	数据来源
人均 GDP	中国统计年鉴
就业人员平均工资	中国统计年鉴
建成区绿化覆盖率	中国统计年鉴
居民人均消费支出	中国统计年鉴
空气质量优良天数比例	中国生态环境状况公报
每万人拥有医疗机构床位数	中国统计年鉴

本书收集了北京、天津、上海、江苏、浙江、广东、重庆、四川和陕西 9 个省市 2018 年的数据进行分析，评价指标原始数据如表 5-13 所示。大智能产业涵盖面广，各省市对其的界定及统计口径不一，不便于横向比较。鉴于此，我们根据前文对智能产业内涵的阐述，对涉及智能产业的行业数据，统一采用软件对信息服务业、计算机及办公设备制造业、电子及通信设备制造业和仪器仪表制造业这 4 个占比较大行业的汇总数据代替。

表 5-13　9 个省市智能产业人才竞争力评价指标原始数据

评价指标 \ 省市	北京	天津	上海	江苏	浙江	广东	重庆	四川	陕西
行业从业人员数量	99.00	20.21	76.05	231.21	85.17	435.60	32.30	55.57	23.21
行业顶尖人才数量	1097	34	406	166	86	624	20	45	109
行业 R&D 人数占从业人数比重	12.33	10.76	6.20	6.73	13.18	8.91	5.96	8.67	10.56
行业核心知识产权申请量	4439	871	5390	13019	7498	58758	1763	4157	726
行业有效发明专利数量	20851	3653	13741	37961	15596	201468	3177	9315	3039
行业规模以上企业新产品销售收入	1693.51	929.64	1075.55	7641.46	3382.51	20159.60	1011.59	716.93	141.76
行业人均产值	137.09	184.81	148.42	134.58	131.59	127.65	190.41	150.27	145.57

续表

评价指标＼省市	北京	天津	上海	江苏	浙江	广东	重庆	四川	陕西
行业科技成果数量	11335	8373	9521	7575	13679	9696	4676	8904	5936
普通高等学校生均教育经费	6.33	2.16	4.20	2.10	2.26	2.99	1.55	1.56	1.67
R&D 经费投入	1870.80	492.40	1359.20	2504.40	1445.70	2704.70	410.20	737.10	532.40
一般公共预算支出中教育经费占比	13.66	14.44	10.66	17.50	18.16	17.83	14.95	15.14	16.14
地方财政科技投入强度	6.17	2.62	4.16	2.70	2.57	2.78	2.01	1.81	2.18
每十万人高等教育在校学生人数	5268	4150	3517	3143	2370	2542	3081	2409	3562
各类文化机构数	3848	974	2464	7627	4672	7891	1082	1811	1205
高新技术企业数	799	452	1027	4870	2785	8525	696	1283	597
高等学校数量	92	56	64	167	108	152	65	119	95
科研机构数量	382	61	128	130	97	182	30	155	101
人均 GDP	14.02	12.07	13.50	11.52	9.86	8.64	6.59	4.89	6.35
就业人员平均工资	14.58	10.07	14.04	8.47	8.89	8.86	7.89	7.77	7.20
建成区绿化覆盖率	48.40	38.00	36.20	43.10	41.20	44.00	40.40	40.50	38.80
居民人均消费支出	3.98	2.99	4.34	2.50	2.95	2.61	1.92	1.77	1.62
空气质量优良天数比例	62.20	58.10	81.10	68.00	85.30	88.90	86.60	84.80	66.50
每万人拥有医疗机构床位数	12.36	6.82	13.90	49.15	33.21	51.69	22.01	59.89	25.37

二、实证测度

（一）智能产业人才竞争力评价指标权重

基于前文构建的智能产业人才竞争力评价指标体系，使用熵权法对 23 个评价指标进行客观赋权。首先借助式（5－1）和式（5－2）对表 5－13 的原始数据进行标准化处理；其次借助式（5－3）至式（5－5）计算各评价指标的信息熵和权重，计算结果如表 5－14 所示。

表 5－14　智能产业人才竞争力评价指标权重

维度	权重	具体指标	熵值	权重	总权重
人才资源	0.1505	行业从业人员数量	0.6779	0.3948	0.0594
		行业顶尖人才数量	0.6682	0.4062	0.0612
		行业 R&D 人数占比从业人员数比重	0.8374	0.1990	0.0300
人才贡献	0.3069	行业核心知识产权申请量	0.5555	0.2670	0.0820
		行业有效发明专利数量	0.4756	0.3151	0.0967
		行业规模以上企业新产品销售收入	0.6121	0.2330	0.0715
		行业人均产值	0.7972	0.1218	0.0374
		行业科技成果数量	0.8950	0.0631	0.0194
人才投入	0.1510	普通高等学校生均教育经费	0.6884	0.3804	0.0574
		R&D 经费投入	0.7945	0.2509	0.0379
		一般公共预算支出中教育经费占比	0.9259	0.0905	0.0137
		地方财政科技投入强度	0.7721	0.2782	0.0420
开发支撑	0.2274	每十万人高等教育在校学生人数	0.7968	0.1648	0.0375
		各类文化机构数	0.6464	0.2867	0.0652
		高新技术企业数	0.6464	0.2867	0.0652
		高等学校数量	0.8344	0.1343	0.0305
		科研机构数量	0.8427	0.1275	0.0290
发展环境	0.1642	人均 GDP	0.8801	0.1346	0.0221
		就业人员平均工资	0.7851	0.2413	0.0396
		建成区绿化覆盖率	0.8796	0.1352	0.0222
		居民人均消费支出	0.8374	0.1827	0.0300
		空气质量优良天数比例	0.8794	0.1354	0.0222
		每万人拥有医疗机构床位数	0.8479	0.1708	0.0280

由表 5－14 可知，从评价智能产业人才竞争力的 23 个指标的权重来看，行业有效发明专利数量（0.0967）、行业核心知识产权申请量（0.0820）、行业规模以上企业新产品销售收入（0.0715）、各类文化机构数（0.0652）、高新技术企业数（0.0652）、行业顶尖人才数量（0.0612）、行业从业人员数量

（0.0594）和普通高等学校生均教育经费（0.0574）8 个指标的权重大于均值（0.0435），累计权重达 0.5586，表明这 8 个指标对智能产业人才竞争力水平的影响最大。从大于平均值的 8 个指标的具体排名来看，排名前三的 3 个指标都属于人才贡献维度，排名第四和第五的两个指标属于开发支撑维度，排名第六和第七的两个指标属于人才资源维度，排名第八的指标属于人才投入维度，发展环境维度没有评价指标进入前八。由此可见，人才贡献维度、开发支撑维度和人才资源维度的指标对智能产业人才竞争力综合水平的影响较大，发展环境维度对智能产业人才竞争力综合水平的影响较小。

从评价智能产业人才竞争力的五个维度来看，人才资源维度的权重为 0.1505，单个指标的平均权重为 0.0502；人才贡献维度的权重为 0.3069，单个指标的平均权重为 0.0614；人才投入维度的权重为 0.1510，单个指标的平均权重为 0.0378；开发支撑维度的权重为 0.2274，单个指标的平均权重为 0.0455；发展环境维度的权重为 0.1642，单个指标的平均权重为 0.0274。可见，人才贡献维度、人才资源维度和开发支撑维度的指标平均权重高于均值，对智能产业人才竞争力综合水平的影响较大；人才投入维度和发展环境维度的指标平均权重低于均值，对智能产业人才竞争力综合水平的影响较小。

（二）智能产业人才竞争力综合水平测度

使用 TOPSIS 法测度 2018 年 9 省市智能产业人才竞争力综合指数。根据式（5－6）至式（5－10）计算与正负理想解的接近程度及 9 省市智能产业人才竞争力综合指数，并对结果进行排名和数学分析，结果如表 5－15 和表 5－16 所示。

表 5－15　9 个省市智能产业人才竞争力综合评价结果

省市	D^+	D^-	综合竞争力指数	综合排名
北京	0.176	0.127	0.420	2
天津	0.214	0.056	0.206	6
上海	0.191	0.077	0.288	4
江苏	0.163	0.093	0.362	3

续表

省市	D^+	D^-	综合竞争力指数	综合排名
浙江	0.190	0.066	0.256	5
广东	0.091	0.198	0.685	1
重庆	0.220	0.047	0.174	8
四川	0.212	0.048	0.184	7
陕西	0.219	0.034	0.136	9

表 5－16　9 个省市智能产业人才竞争力综合指数分析

样本量	最小值	最大值	平均值	标准差	中位数
9	0.136	0.685	0.301	0.171	0.256

由表 5－15 和表 5－16 可知，9 个省市的智能产业人才竞争力指数综合得分分布于 0.136～0.685。得分最高的是广东，得分最低的是陕西，9 个省市智能产业人才竞争力指数综合得分均值为 0.301，标准差为 0.171。仅 3 个省市的得分高于平均值，且排名靠后的 3 个省市均为西部地区，说明不同地区存在较为明显的差异。

根据均值（用字母 V 代替）与标准差（用字母 σ 代替）的关系和智能产业人才竞争力指数的综合得分，可将 9 个省市划分为三个梯队，得分高于 V＋0.5σ 的为第一梯队，得分介于 V－0.5σ 至 V＋0.5σ 之间的为第二梯队，得分低于 V－0.5σ 的为第三梯队。

第一梯队省市智能产业人才竞争力指数综合得分高于 0.3865，包括广东和北京两个省市，其智能产业人才竞争力指数综合得分分别为 0.685 和 0.420，这两个省市智能产业人力资源开发的水平最高，得分领先于其他省市，综合表现最为优异。

第二梯队省市智能产业人才竞争力指数综合得分 0.2155～0.3865，包括江苏、上海和浙江 3 个省市，其智能产业人才竞争力指数综合得分分别为 0.362、0.288 和 0.256，这 3 个省市智能产业人力资源开发的水平相对较高，但仍有一定的提升空间。

第三梯队省市智能产业人才竞争力指数综合得分低于0.2155，包括天津、四川、重庆和陕西4个省市，其智能产业人才竞争力指数综合得分分别为0.206、0.184、0.174和0.136。这4个省市智能产业人力资源开发的水平相对较低，于发达地区的差异明显，有较大提升空间。

（三）智能产业人才竞争力分维度测度

为对比各省市智能产业不同维度的人才竞争力的情况，使用TOPSIS法分不同维度对2018年各省市智能产业人才竞争力进行测度。根据式（5－6）至式（5－10）计算各省市智能产业人才竞争力不同维度的得分，并对结果进行排名和数学分析，结果如表5－17和表5－18所示。

表5－17　9个省市智能产业人才竞争力分维度指数评价结果

省市	人才资源		人才贡献		人才投入		开发支撑		发展环境	
	得分	排名	得分	排名	得分	排名	得分	排名	得分	排名
北京	0.583	2	0.122	6	0.825	1	0.349	3	0.641	1
天津	0.189	7	0.196	4	0.152	6	0.185	6	0.360	7
上海	0.248	5	0.117	7	0.504	2	0.161	8	0.619	2
江苏	0.323	3	0.239	2	0.385	4	0.527	2	0.435	5
浙江	0.293	4	0.158	5	0.279	5	0.276	4	0.450	4
广东	0.684	1	0.792	1	0.463	3	0.712	1	0.499	3
重庆	0.019	9	0.206	3	0.092	9	0.089	9	0.309	8
四川	0.130	8	0.109	8	0.111	8	0.193	5	0.397	6
陕西	0.194	6	0.069	9	0.124	7	0.168	7	0.175	9

表5－18　9个省市智能产业人才竞争力分维度指数分析

指标维度	最小值	最大值	平均值	标准差	中位数
人才资源	0.019	0.684	0.296	0.213	0.248
人才贡献	0.069	0.792	0.223	0.220	0.158
人才投入	0.092	0.825	0.326	0.244	0.279
开发支撑	0.089	0.712	0.296	0.203	0.193
发展环境	0.175	0.641	0.432	0.146	0.435

1. 人才资源维度

由表5－17和表5－18可知，9个省市人才资源维度的智能产业人才竞争力得分分布于0.019～0.684，得分均值为0.296，标准差为0.213。9个省市得分中最高的是广东，得分最低的是重庆，前者是后者的36.00倍，说明不同省市间人才资源现状的数量和质量差异非常大。广东、北京和江苏3个省市的得分高于平均值，说明这几个省市智能现有产业人力资源的数量和质量较高。

2. 人才贡献维度

由表5－17和表5－18可知，9个省市人才贡献维度的智能产业人才竞争力得分分布于0.069～0.792，得分均值为0.223，标准差为0.220。9个省市得分中最高的是广东，得分最低的是陕西，前者是后者的11.48倍，而且仅有广东和江苏两个省的得分高于平均值，说明不同省市间产业人才对区域经济、社会发展的贡献水平差异较大，大部分省市的智能产业的创新活动成果并不丰富。

3. 人才投入维度

由表5－17和表5－18可知，9个省市人才投入维度的智能产业人才竞争力得分分布于0.092～0.825，得分均值为0.326，标准差为0.244。9个省市得分中最高的是北京，得分最低的是重庆，前者是后者的8.97倍。北京、上海、广东和江苏4个省市的得分高于平均值，这几个省市都是经济发达地区，当地政府对教育和创新活动比较重视，人才开发的综合投入相对较高。

4. 开发支撑维度

由表5－17和表5－18可知，9个省市人才开发支撑维度的智能产业人才竞争力得分分布于0.089～0.641，得分均值为0.296，标准差为0.203。9个省市得分中最高的是广东，得分最低的是重庆，前者是后者的7.20倍。广东、江苏和北京3个省市的得分高于平均值，这些省市的教育、科技和产业发展的综合水平相对较高，能在吸引、选拔、发展和留住智能产业人才过程中起到较强的支撑作用。

5. 发展环境维度

由表5－17和表5－18可知，9个省市人才发展环境维度的智能产业人才竞争力得分分布于0.175～0.684，得分均值为0.432，标准差为0.146。9个省市得分中最高的是北京，得分最低的是陕西，前者是后者的3.91倍。人才发展环境维度的得分均值在人才竞争力的五个维度中得分最高，而且除陕西外的省市得分均高于0.3，说明各省市都比较重视发展环境对人力资源开发的潜在影响，各省市经济发展、公共服务和生活品质方面的外部环境水平相对较高，区域差异较小，发展较为均衡。

（四）智能产业人才竞争力分省市分析

为了便于进一步详细分析每个省市的智能产业人才竞争力情况，我们将表5－15至表5－18中的数据绘制成雷达图，如图5－1至图5－9所示。

1. 北京智能产业人才竞争力情况

由图5－1和前文的数据可知，北京智能产业人才竞争力的综合得分排名第二，整体发展水平非常高。五个评价维度中，人才投入维度、发展环境维度、人才资源维度和开发支撑维度的得分高于各省市平均值。人才投入维度和发展环境维度的得分很高，分别排名居各省市第一，这两个维度的得分较高主要在于普通高等学校生均教育经费、地方财政科技投入强度、人均GDP、就业人员平均工资和建成区绿化覆盖率等指标均排名第一，大幅领先于其他省市。人才资源维度和开发支撑维度的得分分别排名第二和第三，这两个维度的得分

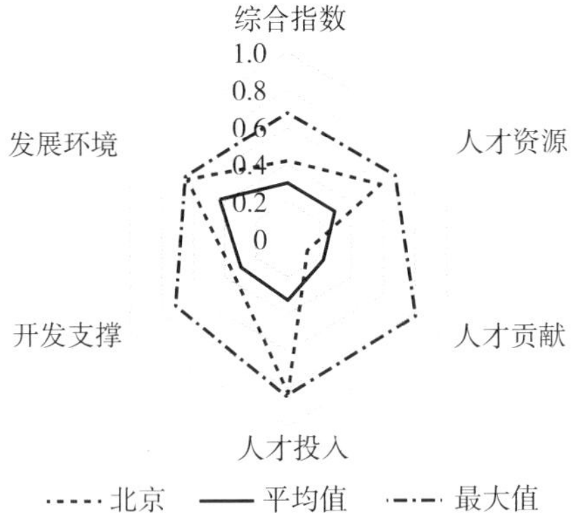

图5－1　北京智能产业人才竞争力指数雷达图

较高，主要在行业顶尖人才数量、行业从业人员数量、每十万人高等教育在校学生人数、科研机构数量等指标表现较好。人才贡献维度的得分低于平均值，仅排名第六，相对靠后，与其整体排名不相匹配，主要原因在于行业人均产值这项指标的表现较弱。

2. 天津智能产业人才竞争力情况

由图 5 -2 和前文的数据可知，天津智能产业人才竞争力的综合得分排名第六，仅高于西部的 3 个省市，整体发展水平相对落后。五个评价维度的得分均低于各自均值，但各维度的得分较为均衡，不存在明显短板。人才贡献维度的得分排名第四，得分相对较高，主要在于行业人均产值和行业科技成果数量这两项指标的数据较好。人才投入维度和开发支撑维度的得分均排名第六，主要在于 R&D 经费投入、地方财政科技投入强度、高等学校数量、高新技术企业数、各类文化机构数、科研机构数量等指标的表现相对较弱。人才资源维度和发展环境维度的得分均排名第七，得分相对较低，主要在于其行业从业人员数量、行业顶尖人才数量、每万人拥有医疗机构床位数、建成区绿化覆盖率和空气质量优良天数比例等指标的表现相对较弱。

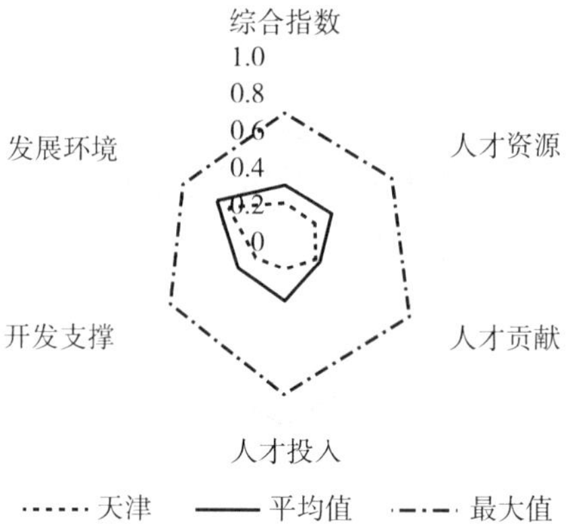

图 5 -2 天津智能产业人才竞争力指数雷达图

3. 上海智能产业人才竞争力情况

由图 5 -3 和前文的数据可知，上海智能产业人才竞争力的综合得分排名第四，整体发展水平较高。五个评价维度中，人才投入维度和发展环境维度的得分较高，均排名第二，这两个维度的得分较高主要在于普通高等学校生均教育经费、地方财政科技投入强度、人均 GDP、就业人员平均工资、居民人均消费支出和空气质量优良天数比例这几项指标的表现相对较好。人才资源维度、人才贡献维度和开发支撑维度方面得分低于平均值，分别排名第五、第七和第八，与上海在全国的经济地位不相匹配，这三个维度的排名相对靠后，主要是行业 R&D 人数占从业人数比重、行业规模以上企业新产品销售收入这几项指标的表现相对较弱。

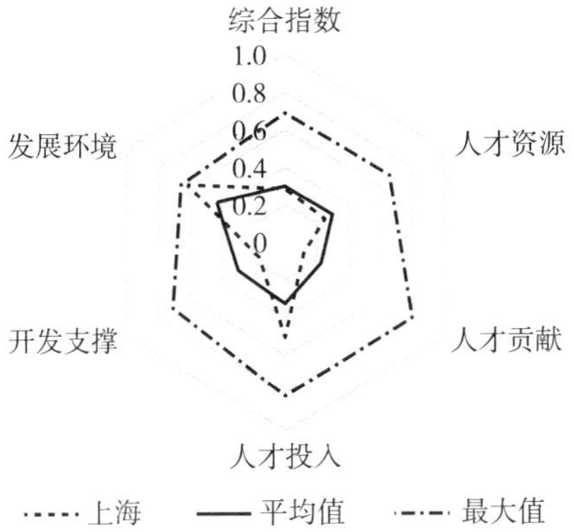

图 5－3　上海智能产业人才竞争力指数雷达图

4. 江苏智能产业人才竞争力情况

由图 5－4 和前文的数据可知，江苏智能产业人才竞争力的综合得分排名第三，五个评价维度的得分均高于均值。可见，江苏智能产业人才竞争力不但整体水平较高，而且各方面发展较为均衡。五个评价维度中，人才贡献维度和开发支撑维度的得分排名最高，均排名第二。这两个维度的得分较高主要在于行业核心知识产权申请量、行业有效发明专利数量、行业规模以上企业新产品销售收入、各类文化机构数、高新技术企业数、高等学校数量这几项指标的数据较好。人才资源维度、人才投入维度和发展环境维度的得分排名分别为第三、第四和第五。这几个维度中，行业从业人员数量、R&D 经费投入、一般公共预算支出中教育经费占比和每万人拥有医疗机构床位数这几项指标的表现较好，行业 R&D 人数占比从业人员数比重、普通高等学校生均教育经费、就业人员平均工资和居民人均消费支出这几项指数的表现相对较弱。

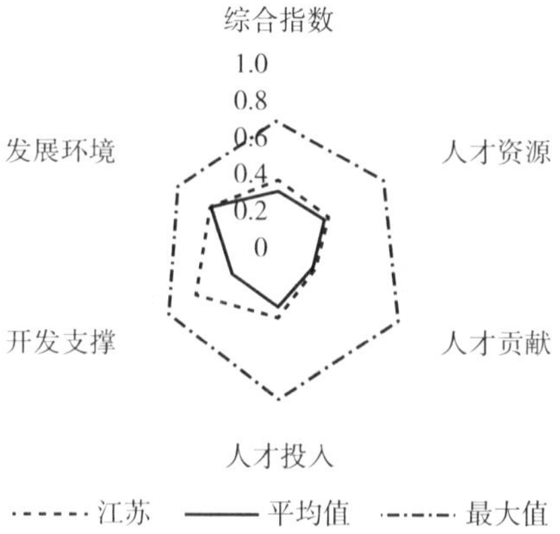

图 5－4 江苏智能产业人才竞争力指数雷达图

5. 浙江智能产业人才竞争力情况

由图 5－5 和前文的数据可知，浙江智能产业人才竞争力的综合得分排名第五，整体发展处于中游水平。五个评价维度中，虽然仅发展环境维度得分高

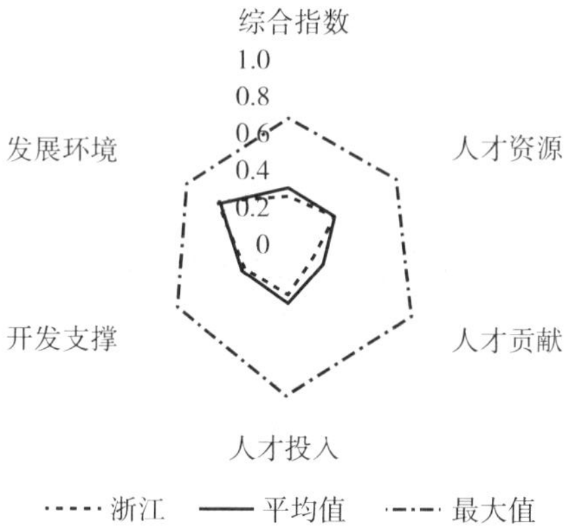

图 5－5 浙江智能产业人才竞争力指数雷达图

于均值，但其余四个维度的得分与均值相差并不大，各方面整体发展较为均衡。五个评价维度中，人才资源维度、开发支撑维度和发展环境维度的得分均排名第四，人才贡献维度和人才投入维度的得分均排名第五。在所有指标中，行业R&D人数占从业人数比重、行业科技成果数量、一般公共预算支出中教育经费占比、空气质量优良天数比例等指标的表现相对较好，行业人均产值、R&D经费投入、地方财政科技投入强度、每十万人高等教育在校学生人数等指标的表现相对较弱。

6. 广东智能产业人才竞争力情况

由图5－6和前文的数据可知，广东智能产业人才竞争力的综合得分排名第一，五个评价维度的得分均高于均值。可见，广东智能产业人才竞争力不但整体水平非常高，而且各方面发展极为均衡。五个评价维度中，人才资源维度、人才贡献维度和开发支撑维度的得分均排名第一，这三个维度的得分较高主要在于行业从业人员数量、行业顶尖人才数量、行业核心知识产权申请量、行业有效发明专利数量、行业规模以上企业新产品销售收入、各类文化机构数、高新技术企业数和高等学校数量等指标的表现非常好。人才投入维度和发展环境维度的得分排名均为第三，这两个维度的大部分指标的表现较好，仅人均GDP、就业人员平均工资、居民人均消费支出等指标的表现相对较弱。

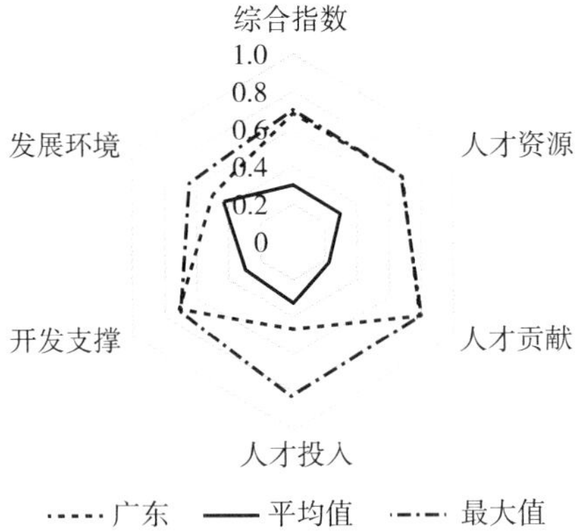

图5－6　广东智能产业人才竞争力指数雷达图

7. 重庆智能产业人才竞争力情况

由图5－7和前文的数据可知，重庆智能产业人才竞争力的综合得分排名第八，五个评价维度的得分均低于各自均值，仅人才贡献维度的得分接近均值，各方面与发达地区的差距都较大，整体发展水平相对落后。五个评价维度中，人才贡献维度的得分排名第三，这一维度的排名相对较高主要在于行业人均产值这一指标表现较好。发展环境维度的得分排名第八，这一维度的大部分指标表现偏弱，仅空气质量优良天数比例、建成区绿化覆盖率两个指标表现较好。人才资源维度、人才投入维度和开发支撑维度的得分均排名最后一位，这三个维度的大部分指标表现较差，特别是行业顶尖人才数量、行业R&D人数占从业人数比重、普通高等学校生均教育经费、科研机构数量等指标。

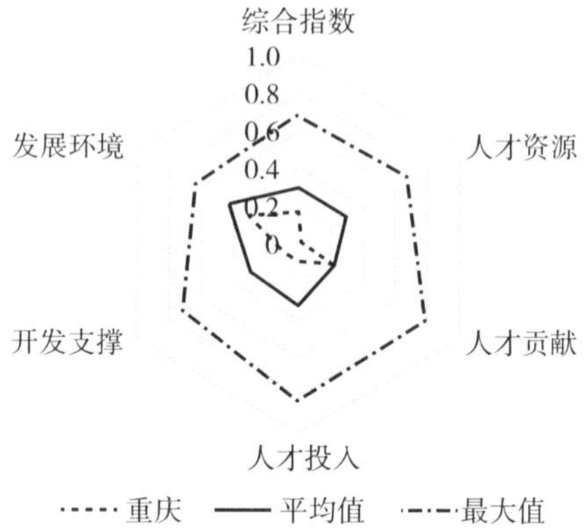

图5－7 重庆智能产业人才竞争力指数雷达图

8. 四川智能产业人才竞争力情况

由图5－8和前文的数据可知，四川智能产业人才竞争力的综合得分排名第七，五个评价维度的得分均低于各自均值，仅发展环境维度的得分接近均值，各方面与发达地区的差距都较大，整体发展水平相对落后。五个评价维度中，开发支撑维度和发展环境维度的得分排名分别为第五和第六，这两个维度的大部分指标表现偏弱，仅科研机构数量、高等学校数量、空气质量优良天数比例和每万人拥有医疗机构床位数几个指标表现较好。人才资源维度、人才贡献维度和人才投入维度的得分排名均为第八，这三个维度的大部分指标表现偏弱，特别是普通高等学校生均教育经费、地方财政科技投入强度、行业规模以上企业新产品销售收入等指标，仅行业人均产值这一指标表现较好。

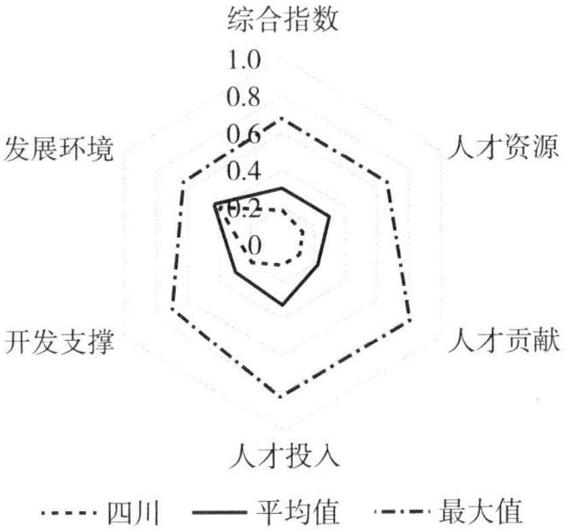

图 5－8　四川智能产业人才竞争力指数雷达图

9. 陕西智能产业人才竞争力情况

由图 5－9 和前文的数据可知，陕西智能产业人才竞争力的综合得分排名最后，五个评价维度的得分均低于各自均值，各方面与发达地区的差距都较大，整体发展水平较为落后。五个评价维度中，人才资源维度的得分排名第六，

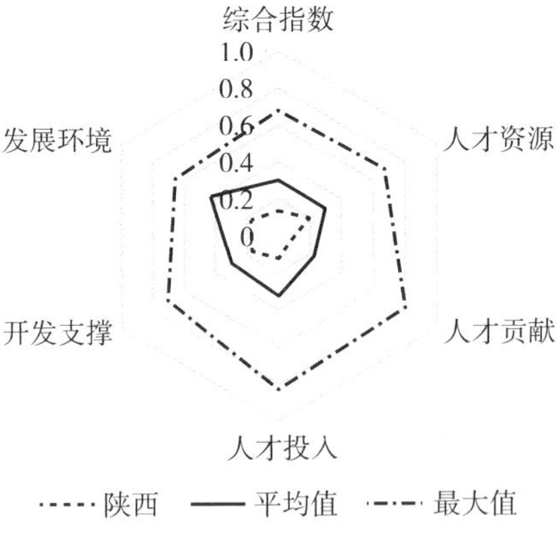

图 5－9　陕西智能产业人才竞争力指数雷达图

人才投入维度和开发支撑维度的得分排名均为第七，这三个维度的大部分指标表现偏弱，仅行业 R&D 人数占从业人数比重、一般公共预算支出中教育经费占比、每十万人高等教育在校学生人数三个指标表现较好。人才贡献维度和发展环境维度的得分均排名最后，这两个维度的大部分指标表现较差，特别是行业核心知识产权申请量、行业有效发明专利数量、行业规模以上企业新产品销售收入、就业人员平均工资、居民人均消费支出等指标。

三、小结

通过前文的分析可以看出，与发达地区相比，重庆智能产业人才竞争力指数的综合得分及各维度得分都不占优，智能产业的人力资源开发水平相对落后。从具体指标来看，行业顶尖人才数量、行业 R&D 人数占从业人数比重、R&D 经费投入、普通高等学校生均教育经费、科研机构数量、人均 GDP、就业人员平均工资等指标都明显落后，说明在科研及教育投入、中高端产业人才引进、科研机构建设、人才发展环境等方面急需加强。

第六章　重庆智能产业人力资源开发的问题及成因分析

第一节　重庆智能产业人力资源开发存在的问题

作为经济发展的新引擎，智能产业推动了重庆传统产业的转型升级并展现了巨大发展潜力。但与国外发达国家和国内发达地区相比，重庆智能产业在基础研究、关键技术、高端产业、人才开发等方面存在较大差距，其中智能产业人力资源开发问题尤为突出，主要体现数量、结构和配置效率等方面。

一、人才数量缺口大，需求难满足

从需求端来看，在产业数字化、智能化的转型压力之下，重庆各行各业对智能产业人才的需求呈井喷式增长，不仅新兴的人工智能企业作为技术提供方，亟须大批高质量高水平的人才，传统行业的各类企业作为产业需求方，也大量需要智能人才应对产业升级转型。以信息传输、软件和信息技术服务业为例，2018 年末的行业就业人员为 19.93 万，同比增长 7.38%，高于全市第三产业城镇就业平均增速 4.87 个百分点。智能产业就业人员还包括先进制造、科学研究及技术服务等行业中从事数字化、智能化的人员。从供给端来看，当前重庆智能人才的主要来源有以下两类：第一类是每年各大院校智能产业领域相关专业的毕业生，每年的毕业生人数约为1.3万，这是主要来源；第二类是行业存量人才，主要是电子信息、软件服务、移动互联网等传统领域的相关从业人员通过自学与积累向智能产业领域转换，这部分人才的数量较少。目前，全市对智能人才的需求已进入高需求阶段，每年的人才缺口接近3万人，人才供需严重不平衡，难以支撑迅速扩张的产业规模。

二、层次结构不合理，缺高端人才

产业的发展既需要领军人物，也需要基础人才。目前重庆智能产业不同层次人才结构失衡，顶尖的基础研究人才和创新应用人才不足。人工智能领域的领军学者只有20人，仅占全国总人数的0.62%。近10年，重庆引进的“院士”“长江学者”“杰青”等拔尖人才已有1000余人，但“大数据智能化”领域仅有80多人，占比不到1%。同时，即使是在智能产业的基础人才、高级人才也较为稀缺。通常情况下，可将研究生及以上学历人才归为高级人才，因为学历层次在一定程度上决定了人才的知识储备、专业技能和科研水平，是衡量人才素质和潜能的重要参数。据调查，重庆智能产业现有从业人员中大部分是本科或专科学历，占比超过90%。从供给端来看，2019届智能产业相关专业的毕业生中，也绝大部分为本科生，占比为97.4%，研究生仅占2.6%，高学历人才的供应极为缺乏。可见，重庆智能产业的人才层次结构并不合理，人工智能领域的领军学者和高学历人才极为稀缺，顶尖的基础研究人才和创新应用人才都供应不足，不同层次人才结构失衡。

三、人才使用效益低，流失较严重

重庆是全国高等教育资源的“洼地”，近几年来大力引进高等教育资源，加快推动重庆教育现代化。在重庆发布的《重庆市加快推进教育现代化实施方案（2020－2022年）》中提到，到2022年，重庆教育现代化要取得重要进展，教育综合实力处于西部前列，基本建成教育强市。近年来，在重庆市政府多项政策叠加的扶持下，重庆经济实现了持续高速增长，高等教育对于产业人才培养的效果也逐渐显现，留在重庆本地就业的毕业生明显增多，人才外流现象得到一定程度的缓解，但重庆的人才资源仍长期处于流出状态。以重庆2019届普通高校毕业生就业地区为例：总体来看，重庆2019届毕业生中有65.74%选择留在本地就业，智能产业相关专业的毕业生仅有53.50%选择留在重庆就业，选择到广东和四川就业的学生分别占到9.53%和8.97%（见图6－1）。从学历层次来看，在重庆的就业中大部分毕业生为本科学生，研究生毕业选择重庆就业的仅有40.63%，智能产业相关专业的毕业生选择留在重庆就业的更少，仅有27.45%，高学历人才外流现象非常严重。

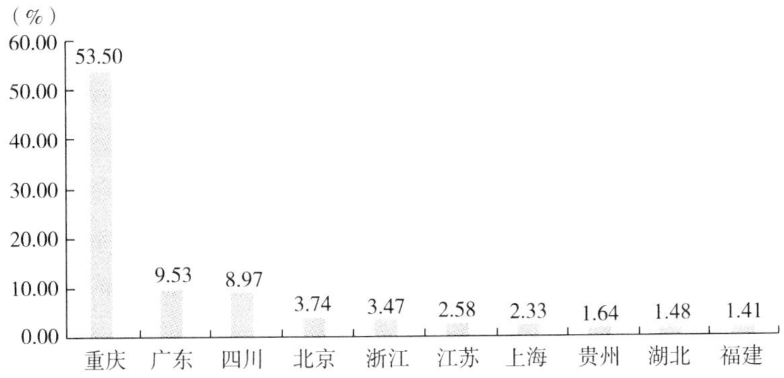

图6－1　重庆智能产业相关专业毕业生就业地区分布占比

资料来源：重庆市大学中与毕业生就业指导服务中心。

四、性别结构不均衡，女性占比小

近年来，随着重庆高等教育水平的提升，高等教育毛入学率已接近50%，女性接受高等教育比例与男性基本持平甚至略高一些，但产业现有从业人员的情况却恰好相反。以智能产业的典型行业信息传输、软件和信息技术服务业和为例，2018年末的从业人员中女性为7.91万人，占比仅为38.34%。从高校毕业生就业情况来看，重庆市2019届普通高校毕业生中，女生占比为58.1%，而智能产业相关专业的毕业生中女生占比为24.9%（见图6－2）。可见，无论是从行业从业人员，还是高校毕业生的就业情况来看，智能产业女性人员比例明显低于男性，性别结构不均衡，不利于产业的人员稳定和持续发展。

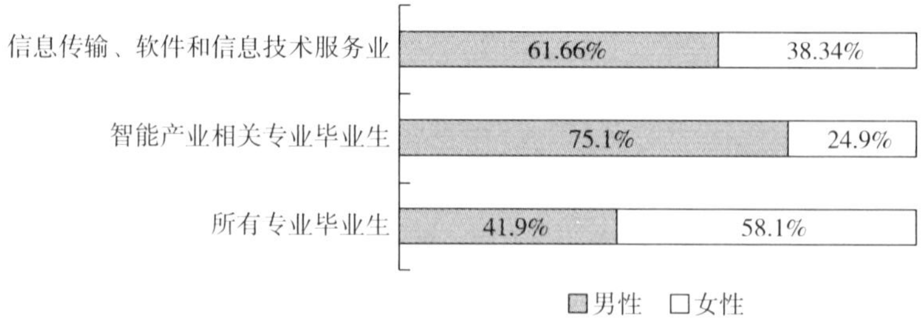

图 6－2　重庆智能产业相关行业、专业从业人员性别分布

资料来源：根据《重庆市第四次全国经济普查公报》《重庆市 2019 届普通高校毕业生就业情况报告》数据整理。

五、职业选择不理性，供需有错位

重庆智能产业人才根据需求方向和职业属性分为基础研究人才、开发应用人才、工程技术人才和运营管理人才，相关人才在职业选择时易受舆论影响，追逐市场热点，而忽视自身定位与能力，导致在不同技术方向上呈现出与企业需求错位的情况。据调查，在岗位类型选择方面，重庆智能产业人才偏好于开发应用方面的岗位，在择业时有一半的人才倾向于选择该类型岗位，但在企业需求的岗位中，开发应用岗位的比重不到 30%。工程技术类岗位在整体岗位需求中占比高达四成，虽然需求量大，但对人才的吸引力有限，仅有 20% 左右的人才有意向进入该类型岗位。同时，从技术领域来看，机器学习和计算机视觉是当前企业人才需求最集中的两个方向，有大量相关岗位需求，但由于“机器学习”“深度学习”等关键词曝光度高，引导了大量人才向机器学习方向聚集，而与计算机视觉相关岗位的人才供给则相对不足。

六、人才与产业错配，利用效率低

智能产业是重庆实现第三次产业转型的重点，构筑的现代产业体系已初步形成，但作为后发之地，产业底蕴和技术积累仍存在不足。总体来讲，目前重庆智能产业的科技水平与京津冀地区、长三角地区、珠三角地区相比仍有较大差距，吸纳的劳动力还是以技能性的操作蓝领和技术工人为主，所需的人力资源水平较低，而这与重庆现有的人才培养体系恰好相反。在高等教育不断普及的形势下，重庆本科层次的招生人数逐年增多，但受人们固有观念的影响，学生和家长普遍不愿意就读高职或者技工学校，这在一定程度上使得高校培养出来的毕业生与重庆经济发展不相适应。所以，重庆地区虽然人力资源总量丰富，但由于教育结构与就业市场需求存在错配，使得高校的人才培养结构难以满足智能产业发展的需要，导致人力资源的利用效率较低。

第二节　重庆智能产业人力资源开发问题的成因分析

一、人才培养产业化底蕴不足

重庆智能产业人才供给严重不足的主要原因可归为人才培养起步晚、产业化经验及积累不足，导致人才培养速度跟不上产业发展的需求。重庆对人工智能研究始于最近 10 年，但由于基础不稳、参与研究的科研机构和高校数量有限，因此无法实现规模化培养和输出人才，导致重庆人工智能产业人才资源先天不足。2018 年后，重庆市政府为推动智能产业发展，实施了大数据智能化人才培养“万人计划”，由重庆市云计算和大数据产业协会、Cloudera 大数据培训基地、仙桃数据谷等单位联合重庆各大高校进行创新型、复合型中高级人才培养。同时，以人工智能学院、人工智能专业为代表的人工智能专项人才培养也开始在重庆展开。但行业和院校都还处于人才培养方式的初期探索阶段，政府、高校和企业间各自独立运行，缺少横向交流，没能形成共同面向市场的教育和人才培养机制，使得智能产业人才的培养速度较慢，行业内部自发的人才培养也没有成体系发展，现阶段重庆产业端和院校端的人才供给水平仍然很低。

二、高层次人才引进难，留住也难

重庆地处西南地区，是我国西部地区三个中心城市之一，有一定区位优势。但由于成渝双城经济圈才启动建设，内部产业发展战略还处于调整阶段，城市群的合力并未形成，区位优势很难发挥出来。同时，重庆的经济发展水平在全国并不靠前，企业规模普遍偏小，薪酬支付能力偏弱，地区人均可支配收入增长缓慢，企业职工的工资水平与京津冀、长三角、珠三角等经济发达地区相比差距较大，加上相关的住房、医疗、子女教育等配套设施、服务不够完善，无法满足高层次人才长期居住的需要，使得对区域外的人才的吸引力不足，高层次人才引进难，留住也难。虽然近几年通过实施海外高层次人才集聚计划、鸿雁计划、巴工匠、英才计划、海智工作站等重大人才引进工程，吸引了一批海内外智能产业高端人才落户重庆，但人才引进难度大，引进的高层次人才总量不足，急需紧缺专业人才，人才的数量远远落后于产业实际需求。

三、产业发展缓慢导致人才流失

产业发展慢、中高端职位紧缺是重庆高校毕业生外流的主要原因。2019年，重庆有普通高等教育毕业生 22.4 万，其中 65.74% 选择留在重庆就业。智能产业相关专业的毕业生有 53.50% 选择留在重庆就业，在毕业的硕士研究生和博士研究生中，有 72.55% 选择回原籍或到经济发达地区工作，高学历人才外流现象非常严重。长期以来，重庆整体产业发展水平落后于沿海发达城市。虽然近年来以智能产业为代表的战略性新兴产业发展迅速，但发展水平较低，发展速度滞后，大部分处于产业链的中低端，能够为大学毕业生提供的岗位普遍是中低端职位，晋升及成长空间不够，不具备良好的产业发展前景和人才发展潜力，因此很难留住高学历人才在相关产业就业。同时，京津冀、长三角、珠三角等经济发达地区智能产业发展水平较高，对人才也高度重视，组团到重庆各大高校以高薪和优厚的福利待遇抢夺人才，这也加剧了人才的流失。

四、人才开发各方的认识不足

产业人力资源开发是一项系统工程，具有长期性、系统性等特点，需要政府、企业、高校和个人的共同努力，多方强化人力资源开发的意识。但由于各种原因，各方对智能产业人力资源开发的认识都显得不足。从政府层面来看，地方政府领导的主要精力还放在产业发展上面，更关注短期容易见到成效的招商引资项目、园区基础设施建设等工作，对人力资源开发工作的重视度不够，加上人力资源开发需要政府财政支出，各地政府教育经费增长幅度有限，对人力资源开发力不从心，通常是雷声大雨点小。从企业角度来看，企业更多关注资金及设备引进、开拓市场等，在实物资本与人力资本之间，人力资本的投入往往显得不足。从高校角度来看，虽然也想紧跟产业发展方向进行招生和学科发展，但高校的专业设置与产业发展相比明显滞后，同时受到考生对专业选择的影响，学校仍只有按传统的思维和相对封闭的模式进行培养人才，这也是身不由己。从个人角度来看，大部分智能产业的从业人员对自身的职业发展定位较为模糊，并没有意识到自我开发的重要性，缺乏自我提升的“内驱力”，导致自身的提升跟不上产业发展的需要。

五、产业人才开发规划欠合理

人力资源规划是产业人才开发的初始环节，决定着人力资源开发的方向。智能产业是重庆产业的未来发展方向，对重庆经济的贡献逐年增大，各级政府也越来越重视其发展，但对产业人力资源开发的紧迫性和重要作用认识不够，没有将人力资源开发提升到与产业发展同等的战略高度，对产业人力资源规划的重视程度不够，有关智能产业人力资源开发的系统性规划至今没有发布。虽然出台的一系列促进智能产业发展的相关政策中也提到了人力资源开发，但缺少产业人力资源开发的顶层规划和整体开发思路，没有形成一个具体明确、统一协调的运作机制，文化、教育、科技等有关部门各自都是在独立发挥作用，像是“几条平行线”，相互间缺乏有效的战略协调与合作，没有形成合力。此外，以政府为主体的人力资源开发规划通常以计划性为主，没有以市场需求作为导向，也没有与高校的人才培养进行融合，容易使开发的方向与产业的需求产生偏差。同时，容易受短期绩效思维的影响，难以结合产业的长期发展需要进行人力资源开发方向的考虑，削弱了人力资源对智能产业发展的促进作用，使得人力资本投资回报率走低，可持续开发动力不足。

六、企业的人才开发观念落后

在智能产业人力资源发展的过程中，大部分是以政府为主体在开展，企业虽然是产业人力资源的主要使用方，但其人力资源开发的观念落后，参与开发的积极性不高。重庆智能产业的企业大部分规模偏小，自身实力有限，基本上没有制定长期的人才开发战略规划，缺乏主动进行人才培养的意识。企业在招聘时，基本上是什么岗位缺人就招什么人，更多是基于企业的短期人力资源需求出发进行员工招聘，最直观表现就是只雇用高素质劳动力，任职资格通常要求有行业工作经验，具有专业操作技能等，避免员工培训和学习的机会而带来的成本，不愿意去培养员工，也没有站在企业长期发展目标的角度考虑企业的人力资源供需。此外，部分企业的人力资源开发观念陈旧，在用人时看重学历、轻能力，重视人才引进而忽视员工培养，通常认为提升专业知识与技能是员工个人的事情，不愿意在员工培训方面进行投入，在职人员很难有培训、学习、深造的机会，并且企业极少对员工的个人成长进行跟踪和投入，缺乏个性化的员工职业生涯规划，不利于提升员工的素质，在管理方式上也主要采用制度控制和物质刺激，缺乏对员工更高层次需要的满足和引导。

七、产业创新创业环境需改善

良好的环境是激发创新创业活力的重要条件，关系着创新创业活动的产生和发展，对引进和留住高端人才具有积极的作用。近年来，重庆围绕智能产业开展了多种形式的创业培训和创业教育，不断加大对创业活动的扶植力度，产业创业群体的创业热情不断上升，但创新创业环境整体水平偏低，创业环境基础和氛围较弱，创新创业活动发展较慢，在商务环境、创业资源、理论指导等方面存在明显不足，极大制约了重庆的创业活动。重庆的商务环境的总体情况不太理想，虽然重庆生产性服务业的机构数量较多，但市场不够开放，各类金融、法律、会计等服务机构参差不齐，服务质量难以保证，新创企业获取优质专业服务的成本较高。重庆的创业资源分散。重庆已有各类众创空间、孵化器近 300 家，但大部分缺乏专业的运营管理团队，不具备集成各类创业资源的配置能力，致使创业服务流于形式，不能给入驻企业提供成长所需的各种资源，项目孵化成功率不高。此外，重庆的科技型企业偏少，创新创业相关的学科力量薄弱，对创业的前瞻理论、科学体系建设等研究相对滞后，不能给创业主体很好的理论指导。

八、人力资源开发政策待完善

重庆各级政府制定了多项人才政策，但大部分政策是沿用国家或借鉴其他省市，没有根据重庆智能产业的实际情况进行科学制定，人才政策在引入、育人、留人等方面存在明显不足。一是引才政策缺乏人文关怀和宽度。大部分政策围绕物质待遇、经费保障等进行制定，在吸引领军人才的思路不够宽，多强调以优惠政策吸引海外高层次人才，重物质激励而轻人文关怀，没有站在海外人才角度考虑来重庆后的环境适应、压力排解等问题，而且忽视了区域环境或后续发展对人才的吸引力。二是人才政策忽视了团队培养。大部分政策重在引才，缺少引进与培养并重的理念，不利于打造高、中、基层人才梯队，难以形成合理、稳定的人才队伍。三是人才政策缺乏连贯性。人才开发是一个长期的过程，不仅涉及人才引进，而且涉及引进后的服务、评价、保持等诸多内容。当前，各级政府在留人方面存在缺位，管理服务跟不上、资金和政策落实不到位、机制体制不够灵活等情况时有发生，对各类高层次人才的后续支持明显不足。

九、中职和高等教育投入不足

教育是政府进行人力资本投资的主要手段，也是国家和区域人力资源开发的基本内容，教育投入的力度大小，会直接影响国家人力资源的质量。从图 6－3 可知，2018 年我国普通高等学校和中等职业学校的生均教育经费分别为 2.22 万元和 1.63 万元，同比增长 3.61% 和 7.90%；重庆普通高等学校和中等职业学校的生均教育经费分别为 1.56 万元和 1.33 万元，同比增长 1.52% 和 14.26%。可见，重庆高等教育和职业教育的生均投入都低于全国平均水平，教育投入不足会直接影响人才的培养质量，导致培养的中高级人才不适用，难以为产业输送合格人才，从而使得就业率和就业质量下降，也降低了人为资源开发的有效性。

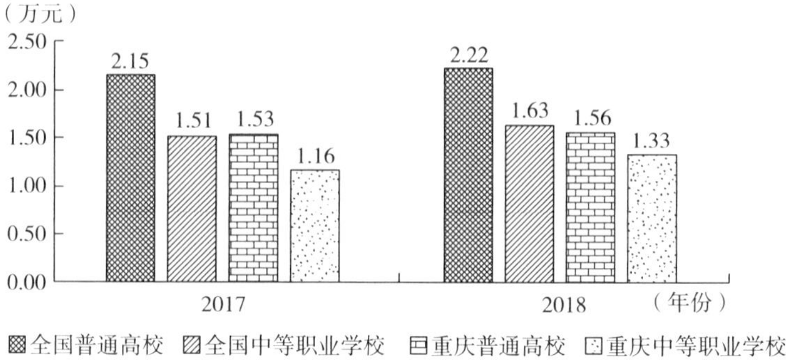

图 6－3　各级教育生均一般公共预算教育经费增长情况

资料来源：根据《2018 年全国教育经费执行情况统计公告》整理。

十、高等教育的水平发展滞后

重庆自直辖以来经济快速发展，高等教育取得了长足的进步，已有普通高等学校 68 所（另有成人高校 4 所），占西部地区的 9.83%，占全国的 2.55%。重庆高校虽然数量较多，但整体发展水平滞后，即使是位居重庆第一的重庆大学，在全国重点高校中排名也比较靠后，优势专业不突出，尤其在创新领域却略显不足。从“双一流”建设情况看，重庆市有世界一流大学建设高校 1 所，一流学科建设高校 1 所，“双一流”建设学科 4 个，三者分别占全国总数的 2.38%、1.05% 和 0.86%。重庆“双一流”建设高校和建设学科数量在全国的占比明显低于其高校数量在全国的占比，重庆缺少一流名校和一流学科，对全国的优秀考生缺乏吸引力，很难招收到优秀的拔尖学生，培养的优秀人才也容易流失。另据赵军等（2019）的研究，在我国 31 个省区市（不含港澳台）中，重庆高等教育发展水平综合排名第 12，低于四川和陕西。高校发展水平的滞后，已成为制约重庆智能产业发展和人才培养的一个不利因素。

第七章　重庆智能产业人力资源开发战略

产业人力资源开发战略是一种从全局对产业人力资源开发活动进行的谋划和指导，在人力资源开发过程中起着指引方向的作用，其目的是实现产业人力资源的最大化利用，使其成为推动产业发展的重要战略资源。人力资源开发战略是一项系统工程，具有长期性、宏观性和系统性等多重特点，需要将其具体化，即分解为人力资源开发策略进行实施。人力资源开发战略的主体具有多样性，可以是政府、行业、企业、高校乃至个人，在战略实施过程中，需要不同开发主体积极参与，通力协作，并结合产业、经济、社会、环境等多方面发展目标制定、实施整体人力资源开发措施，以实现产业人力资源开发活动的科学推进，持续提升人力资本投资的回报率。

第一节　政府视角的人力资源开发

一、加强人力资源开发战略顶层设计

人力资源开发规划具有引领作用，不仅是人力资源开发战略的制定和实施依据，更是人才战略顶层设计的体现。各级政府部门在制定智能产业人力资源

开发战略时，紧扣社会主义新时代的主旋律，以产业高质量发展为出发点，通过总体谋划、整体推进、长远着力，加强人力资源开发战略的顶层设计。一是要把人才问题提升到战略高度，立足于国家总体发展需要和地区经济、社会和文化的现实基础，把职业、教育、培训、产业发展等纳入考虑，科学制定开发战略，有针对性地开发人力资源，促进产业人力资源与经济、社会发展需求相匹配。二是要立足产业基础，合理分析产业发展局势，明确产业人力资源开发的长期目标，全方位摸清产业发展对各类人才的需求，并充分考虑人才需求的前瞻性和适用性，树立人力资源就是效益的观念，克服经济发展中的短视性问题，从更长远角度来确定人力资源开发的方向，制定适应未来发展要求的产业人力资源开发战略。三是深化人才供给侧改革，在更大空间、更高层次、更广领域进行国际国内产业人才资源的配置，通过人才与不同主体的深度匹配，充分调动不同主体的主观能动性，实现各类资源的精准配置和最大化利用，促进人才一体化发展，提升区域人才的整体竞争力。

二、强化政府在开发体系中的主导地位

产业人力资源开发涉及政府、企业、高校、个人等多个层面的主体，在建立多元产业人力资源开发体系的过程中，要强化政府的主导地位，发挥其资源配置和整体协调的能力。一是综合运用各种手段，引导不同开发主体的人力资源开发目标制定。通过政策倾斜、资金扶持等方式充分调动各方力量，引导不同主体围绕国家和区域的产业人力资源开发目标制定分目标，将总体层面的人力资源开发战略和目标逐步分解到地区、企业、高校乃至个人层面，通过逐层落实规范不同主体的行为，平衡不同层次、不同类型的人力资源开发，保障产业人力资源开发总体目标的实现。二是主导建立不同开发主体间的利益协调机制，实现多赢。由于不同开发主体所处角度不同，在开发目标、开发内容及绩效评价等方面存在差异，难免出现重复开发、开发盲点等问题，造成了开发资源的浪费。通过建立以政府为主导的各方利益协调机制，可综合利用各种可行措施，高效整合各类开发资源，平衡和协调不同主体间的利益差异，持续推进产业人力资源开发战略，加快产业发展。

三、深化智能产业人才体制机制改革

人才竞争在很大程度上是人才经营管理模式的竞争，重庆智能产业人才竞争力的提升，最终取决于人才体制机制的变革与创新。为了加强人才资源的配置，重庆和不少省市都提出了建立区域人才高地的战略，这种做法主要是依靠行政力量在进行人才配置，虽然短期内可以通过各种优惠政策吸引一部分人才，但随着产业人才需求的爆发式增长，不同地区间的人才争夺战愈演愈烈，政策对人才的吸引力正在减弱，人才流失在加剧。重庆在实施智能产业人才战略时，要从人才经营模式入手，深化体制机制改革，尽快建立和完善能适应国际竞争与产业发展要求的人才配置机制，既要充分发挥政府的宏观调节作用，更要借助市场和社会的力量强化市场机制的调节作用，以人才的能力和绩效为核心，在机制、制度、流程等多个层面进行系统创新，避免单一追求人才的高学历化及高职称化，基于“公开、平等、竞争、择优”的理念，积极探索有利于人才公平竞争、发挥作用、充满活力的系统化人才管理模式，激发人才的积极性、主动性与创新性，形成科学有效的人才竞争机制、淘汰机制、评价机制和激励机制，同步推进产业人才的总量积累与结构优化。

四、加大高等教育和职业教育的投入

教育可将“人口”转化为“人才”，是开发人力资源、提高劳动力素质的基本途径，也是政府进行人力资本投资的主要渠道。在本书前面的章节里，我们分析了重庆的教育投入情况，重庆的教育投入长期低于全国平均水平，特别是对普通高等教育和职业教育的投入。普通高等教育和职业教育是智能人才培养最重要的环节，会直接影响产业人力资源开发的有效性。政府应充分认识高等教育和职业教育对产业人才开发的重要作用，加大高等教育和职业教育的投入。一是明确各级政府的教育责任，科学调整财政支出结构，优先保障公共财政教育投入，逐年提高各级政府对高等教育和职业教育的拨款总额，尽快赶上并超过全国平均水平。二是进一步落实高校办学的税收减免政策，将减免的资金用于支持高校基础建设和科研投入，补充财政教育经费的不足。三是建立教育专项转移支付制度，加大对高等教育和职业教育资源匮乏区县的财政转移支付力度，提升全市高校的整体实力，促进区域高等教育和职业教育的协调发展。四是增设高等教育和职业教育绩效拨款，从财政预算拨款中划分出一部分作为绩效拨款，通过绩效提高高等教育和职业教育的产出效率。

五、完善智能产业人才开发政策体系

“人才资源是第一资源”的观念已深入人心，各地都在加紧制定和实施人才政策。人才政策与人才的成长发展过程密切相关，科学合理的政策体系对人才发展和营商环境打造非常重要。政府只有加大政策清理力度，调整和废止束缚人才发展的政策规定，努力重构更加系统、科学的政策体系，才能形成有效的人力资源开发体系，真正助推智能产业高质量发展。政府在构建智能产业人才开发政策体系时，一是要结合自身城市功能定位，紧密围绕智能产业发展需求，探索构建符合“地区发展、产业发展、人才发展”的特色政策体系，真正做到能吸引住人才、留得住人才，持续发挥人才的积极性和创造性。二是要统筹整合各部门资源，完善人才发展的全过程政策体系，不仅要覆盖人才引进，而且要覆盖人才的培养和管理，服务于整个人才成长链，构建系统的政策支撑体系，解决政策碎片化问题，充分发挥人才政策的组合效能。三是要加强人才政策绩效评估工作，把政策绩效评估纳入人才政策管理的整体工作中，明确政策绩效评估的内容和奖惩措施，定期对人才政策进行宏观评估和专项评估，保障政策的实施效果。

六、加快完善产业人力资源服务市场

人力资源市场是市场经济的重要组成部分，发达国家的人力资源市场非常活跃，竞争也异常激烈，企业可通过规范的市场聘用管理人员、技术人员、生产工人等各类人员，劳动者也能通过市场竞争获取相应的职位。企业用人完全自由，劳动者也不依附于企业，可以在人力资源市场上自由流动。近年来，重庆结合产业发展需求积极培育人力资源市场和人才服务机构，建立了多个市场和机构，市场化的服务功能逐步完善，但人力资源服务市场整体水平并不高，人力资源开发与管理的社会化程度偏低，人才流动的渠道还不够顺畅，造成了人力资源的浪费和流失。因此，要进一步建立人才柔性流动机制，强化人力资源服务市场对产业的支撑作用，引导人事制度改革和用人机制转变，持续完善人力资源市场的服务功能，实现人力资源服务机构的企业化、规范化运作，提高人才资源的市场化配置程度，打破阻碍人才流动的户籍、身份、单位、学历等各种壁垒，使人才能在地区、行业、体制内外、政府与企业、国际与国内间自由流动，实现人力资源在全社会范围内的自由流动与合理化配置，让人才流通真正畅通无阻、进出无限制，激发产业人才创新活力，持续为产业发展贡献力量。

七、完善创新创业平台，激发人才活力

创新是一个民族进步的灵魂，是引领发展的第一动力。在“双创”国家战略指引下，创新创业已成为各级政府转型发展的热点。创新创业服务平台具有聚集创新资源、带动创新主体的作用，是政府实施创新驱动发展战略的重要阵地，也是创新引领创业的重要基础。完善创新创业服务平台建设，将有助于激发人才的活力，吸引和留住人才，推动重庆智能产业发展。政府要加大对创新创业服务载体的建设及扶持力度，优化各类平台布局，优先支持和引导智能产业领域的科技孵化器、众创空间、小企业创业基地等服务载体改善服务环境，不断完善服务平台信息化建设，提升专业指导水平，进一步发挥平台的聚集、辐射和导向作用。此外，综合利用各类媒体，依托平台加大创新创业政策和服务的宣传力度，塑造行业创新创业成功典型，强化创新创业人才的引领作用，持续挖掘智能产业领域的创新创业潜能，营造识才、爱才、敬才的导向和创新创业服务氛围，鼓励和引导社会各界关心、了解、参与、投身创新创业，激发全社会的创新创业热情，助推全市创新驱动发展战略实施。

八、改善人才发展的社会和人文环境

外部环境是影响区域人才潜在竞争力的重要因素，良好的社会和人文环境将为产业人力资源开发提供有力保障。在各类人力资源开发主体中，政府在改

善人力资源成长环境方面的作用最大。因此，政府应综合运用各种方式和手段，积极促进区域外部环境的优化和改善，努力营造有利于人才成长的良好氛围，给予人才充分施展才华的机会，形成鼓励和支持人才干事业的社会环境，促进人才效能的持续发挥。一是改良人际环境，营造公平、公正、和谐的市场竞争环境，消除各种人力资源的制度性歧视，完善劳动争议处理机制和社会保障体系，切实保障劳动者的权益，提高人才的经济待遇和社会地位，激发人才的创造性。二是繁荣文化事业，提升文化软实力。大力弘扬巴渝文化中的亮点，加强人文地理和非物质文化遗产保护，发挥情感的影响力，提振整个社会的精气神，使其对区外人员产生吸引力。三是提升公共服务能力，创造适宜的工作和生活环境。把生态文明和健康生活放在突出地位，加强资源节约和生态环境保护，在不断改善生态环境的同时，持续提高医疗保健水平，倡导绿色生产、健康生活，通过改善人才的工作和生活环境，增强城市和人才的可持续发展能力，达到吸引和留住人才的目的。

九、努力夯实智能产业高端人才队伍

重庆智能产业的专业人才匮乏，特别是行业高端人才。高端人才作为稀缺资源，是决定智能产业高质量发展的关键因素。人才引进和培养要有前瞻性和战略眼光，要根据产业发展需要制定和实施紧缺人才计划，努力夯实高层次人才队伍。一是继续依托国家“千人计划”、海外高层次人才集聚计划、鸿雁计划、巴渝工匠2020等重大人才工程，加大海外引智力度，积极与世界范围内的高校、科研机构和企业合作，充分利用其资源和优势，全球范围内大力引进智能产业顶尖人才，以机会牵引人才，引导人才以客座教授、课题研究、咨询顾问、技术指导等多种方式来渝交流与合作，并同步完善住房、医疗、社会保险、子女教育和家属就业等保障，解决高端人才的后顾之忧。二是借助人力资源市场、猎头公司引入既懂技术又懂业务的高端实用型、复合型人才，支撑各类项目的落地实施，不断夯实熟悉国际市场运作的高层次经营管理的人才队伍。三是依托智能产业的重点企业、重大专项和示范工程，以股权激励、产业引导基金等方式提升个人和团队的收益，吸引行业领军人才和创新团队来渝创业，增强行业的创新力量。四是整合各种资源建立智能产业人才培训基地，积极开展各种形式的紧缺人才专项培训，建立宽领域、多层次的专业人才培训体系，通过各类培训提升高端人才的业务技能和素质，促进中端人才向高端人才转换，持续优化产业人才结构。

十、加快产业应用型人才规模化开发

在产业数字化和智能化的转型压力下，重庆智能产业已进入人才高需求阶段，对各层次的人才都呈现“井喷”式增长，不仅高端人才稀缺，中端人才和一线技工也存在较大缺口，迫切需要加快这两类应用型人才的规模化开发，以支撑迅速扩张的产业规模。一是完善中端人才培养，扩大人才基数。引导重庆高等学校结合产业竞争需要积极建设智能产业专业群。鼓励在高等院校增设人工智能、计算机科学与技术、软件工程、自动化、测控技术与仪器、电气工程及其自动化、电子信息工程、物联网工程等本科专业，在研究生相关专业中增设人工智能、大数据等方向，支持职业院校围绕智能产业发展方向开设专业。同时，支持校企双方通过“订单班”“定向班”项目探索产教融合、协同育人模式，并为项目提供政策和资金支持。二是加强一线技工培训，提升人才品质。围绕智能产业发展战略和人才需求规划，依托行业协会、高校、科研院所组织开展一线技工通用技能培训，强化质量管理、项目管理的理念，培养新时代的技能工匠。同时，落实教育经费税前扣除等政策，激发企业积极实施一线技工职业技能培训计划的热情，促进一线技工技能和素质的提升。

第二节　产业视角的人力资源开发

一、加快产业发展以减缓毕业生流失

重庆智能产业整体发展水平落后于沿海发达城市，大部分企业仍处于产业

链的较低层次，能提供的中高端职位较少，这是重庆高校毕业生外流的重要原因之一。智能产业是重庆产业发展的主攻方向，也是实现区域产业升级、构筑现代产业体系的重点。重庆要把握全球智能产业大发展的战略机遇，以高质量发展理论为指导，整合智能产业“成果 + 人才 + 资本 + 产业”等资源，提升企业认识，推动“以企业为主体”的产业转型升级和布局优化，加快构建现代产业体系。智能产业企业要在政府引导下，认真分析重庆“芯屏器核网”智能产业链的构建情况，结合产业链短板，明确自身发展方向，加快推进生产智能化和产品智能化，提升产品的附加值和档次。同时，根据重庆产业特点，积极与不同产业融合互动，不断拓展智能化应用空间，实现智能产业与其他产业的协同发展，优化自身产品线布局，加速内循环。通过加快智能产业发展，真正将智能产业在重庆“做实、做大、做强”，持续提升在全球产业链中的地位，提升人才需求层次，为市场提供更多中高端职位，打开产业人才的晋升及成长通道，以发展机会吸引和留住相关专业高校毕业生在重庆就业，减缓高学历人才外流。

二、提升企业对人才资源开发的认识

长期以来，智能产业的人力资源开发活动都是以政府为主体在开展，企业虽然是产业人力资源的直接使用方，但其对人力资源开发的重要性认识不足，开发观念落后，参与开发积极性不高，这已成为制约产业人力资源开发的主要障碍之一。重庆智能产业的企业大部分规模偏小，在推动自身发展的同时，也应提升对人才资源开发的认识。一是尽早制定企业的人才开发战略规划，树立主动进行人力资源开发的意识。企业在招聘时，既要考虑短期人力资源需求，也要考虑中长期人力资源规划，并且可以通过灵活的用人方式，实现人力资源的优化配置。二是企业应根据人力资源规划建立系统的员工培训和学习体系，重视通过内外部培训开发员工潜能。构建培训体系时，要结合企业总体战略合理安排内部培训的形式和内容，并完善培训评估机制，确保培训体系与企业目标的持续匹配，提高培训投资的有效性。同时，积极为员工争取更多外部培训和学习的机会，拓展员工的视野。三是关心员工的需求和发展，结合企业实际情况为员工制定个性化的职业生涯规划，并加强个人成长进行跟踪和投入，通过物质激励与精神激励相结合的方式满足不同层次员工在不同时期的发展需求，激发员工的积极性、主动性和创造性，实现员工与企业的共同发展。

三、推动产业人才培养生态体系建设

产业人才生态环境由诸多影响人才生存发展的因素构成，是以人才为中心的可持续发展系统，对于激发人才潜能和实现人才价值具有重要作用，直接决定产业的人才吸引力和承载力。为保证智能产业人才培养达到预期目标，确保人才供给匹配产业需求，行业协会和产业企业应在政府指导下，通过各种方式积极改善智能产业人才生态环境，推动智能产业人才培养生态体系建设，提升“高精尖优”人才聚集力。一是要结合产业发展的现实需要，加快“产学研”一体化建设，促进产业链、创新链和人才链的协同推进，形成“产业＋平台＋人才”的融合发展模式，构建生态体系底层保障。二是打造行业人才工作交流平台，建立行业人才工作的交流沟通机制。借助平台聚焦人才工作共性问题，开展问题研讨及经验交流，并从行业层面规范人才流动秩序、杜绝恶意抢人，倡导智能产业企业合理公平引才和尊重爱护人才，为生态体系提供持续动力。三是建立行业智库，加强与行业各层次人才的定期联系，实时掌握人才发展动向，并针对行业人才生态环境中存在的难点、热点问题进行研究，从行业角度提出针对性的人才工作建议，支撑生态体系良性发展。

四、制定智能产业人才岗位能力标准

根据本书前文的分类，智能人才包括基础研究、开发应用、工程技术和运营管理四大类人才，这四大类人才的岗位专业性普遍较强，大部分对人才提出了知识复合、技能融合的要求，但由于不同企业对这些岗位所需能力的认知不同，即使是同一类型的岗位在进行人才甄选时采用的标准也存在较大差异，这既不利于高校对相关专业的人才培养，也不利于对企业招聘工作的开展。因此，行业迫切需要制定产业人才岗位能力的指导性标准，提升智能产业人才培养和引进的科学性。从产业角度来看，行业协会应在政府指导下，联合行业重

点企业，认真剖析国际、国内智能产业现状和发展趋势，科学把握不同企业对现实和潜在人才的需求，系统梳理岗位类型、知识结构、技能要求等内容，分类确定四大类人才的岗位能力要求，形成以技术方向和岗位类型为基础、以能力标准为导向的智能产业人才岗位能力标准。通过制定智能产业四大类人才的岗位能力标准，为企业合理甄选专业人才提供任职资格参考，降低企业的招聘风险，也为高校完善智能产业应用型人才培养方案和课程设置提供指引，提升高校人才培养与产业需求的匹配度。

五、探索产业人才内外共享创新模式

在互联网时代，共享经济作为一种灵活的资源配置方式开启了经济新业态，得到了人们的广泛认同，并逐渐从信息、实物和空间的共享延伸到人的共享。人力资源作为第一资源，将逐渐成为共享经济的重要形式，人才共享将推动人才理念和工作模式的变革。在共享经济模式下，企业的人才来源更加广泛，内部团队的边界也变得模糊。智能企业要创新人才理念，积极探索内外部人才的共享模式。一是建立柔性引才引智模式，积极探索“不求所有、但求所用，不求常在、但求常来”的引才和用才之路，做好企业外部人才的优化整合工作。企业可以通过标准化的人才招募标准和流程，广泛吸引行业内能力强、素质高的人才进入企业的外部人才库，并根据企业的实际需要，随时从人才库中选择人才进行灵活合作，实现外部人才共享。二是进行组织结构优化，淡化专业技术型人才的部门界限，在做好人才的盘点后，构建若干个不同专业领域的企业内部人才共享小组。企业通过人才小组强化专业人才的分类培养和技术交流，并根据每次工作任务的内容从人才共享小组中选择人才组建综合性的临时团队，提升工作效率和工作质量，实现人力资源的内部共享和最大化利用。

六、用活用好智能产业人才培养政策

智能产业作为重庆产业转型升级的重要方向，得到了重庆政府部门的高度关注，出台了一系列引导产业发展的政策，但企业对这些政策的理解及应用效率并不高，而且在专业人才培养方面仍缺乏有效的顶层设计和相应的扶持政策。因此，智能产业行业协会应努力成为政府的帮手，帮助和指导行业企业用好、用活各种政策和资源，助力惠企政策精准落地。一是与企业共同组织专业团队，在深刻领会国家、地方相关政策精神的基础上，根据企业实际情况进行合理规划，找到企业应用政策的方向和途径，帮助企业积极争取各类专项资金和优惠政策，让企业能借力政策资源实现自身发展。二是应结合智能产业发展需求及专业人才培养规律，联合行业重点企业积极向人力社保、教育、民政、经济、科技等相关政府部门建言献策，争取政府能早日完善切实可行的人才培养政策及保障措施，加大在产业人才培养方面的扶持，比如对参加继续教育和职业技能鉴定的从业人员给予相应补贴、组织开展面向企业专业人员的职业培训、扩大院校人才培养规模、完善专业人才在学历、职称等方面的提升通道等。

七、完善智能产业人才绩效考评体系

为助力引培创新型高素质人才，助推“智造重镇”和“智慧名城”建设，重庆市大数据应用发展管理局在2019年底发布了《重庆市大数据智能化人才分类评价实施方案》（以下简称《实施方案》）。智能产业企业应以此为基础，完善产业人才评价的范围、标准和方法，形成科学合理的绩效考评体系。一是结合企业的实际情况和人才所属领域的特点，按照分类分层原则合理划分评价指标的类别与级差，科学设置各类各级人才的评价指标范围，既考虑品德、潜能等共性评价要素，也注重不同岗位的差异化评价，强化对人才的全方位考察，确保评价指标考察维度的合理性和公信力。二是根据实施方案，结合不同人才的评价范围，分别对共性指标和差异化指标的评价标准进行细化，并根据实际操作情况对标准进行动态调整，增强评价工作的针对性和可操作性。三是确定科学的评价方法。根据产业人才特点和评价指标内容，注重定性评价与定量评价、自我评价与他人评价、模糊评价与精确评价、正向评价与负向评价等方法的有机结合，科学确定不同评价内容的权重，综合采用多种方法进行人才评价，增强评价工作的系统性和科学性。

八、创新管理模式稳定专业人才队伍

稳定的人才队伍可以充分发挥人才的作用，极大地提升人力资本的效益，是企业可持续发展的基础，对智能产业高质量发展起着至关重要的作用。智能产业企业应创新管理模式，借助科学、合理的“留才”方法，减少专业人才流失，建立起稳定的专业人才队伍。一是坚持“激励导向”。遵循人才的成长规律和稳定方式，用机制激励人才，分层次满足不同人才需要，坚定他们与企业共同发展的决心。对于“现实人才”，给予较高的薪酬和畅通的晋升空间，为其注入持续为企业工作的动力。对于“潜在人才”，帮助其制定科学的职业发展规划，通过导向性培训与开发，激励他们快速成长。二是建立人才价值体系。根据各类人才的特点，确立人力资本的价值权益和分配机制，对专业人才创造的价值给予合理回报，解决智力劳动参与企业收益分配的问题，鼓励人才为企业带来更多的创新创造，并给予人才在企业应有的地位和尊重，增强人才对企业的忠诚度与归属感。三是重视情感管理。将现代管理理念和中国传统儒家文化融入专业人才的工作和生活，塑造和谐、温馨的“企业·家文化”，实现“大家”“小家”的有机融合和协同发展，增强员工的幸福指数和与企业的情感联系。

九、构建能力和绩效为本的用人机制

科学合理的用人机制，是智能产业企业吸引和留住人才的关键，也是推动企业发展的基础。企业要减少用人上的感情色彩和条件限制，坚持“能力和绩效为本”，逐步建立以能力和业绩为导向、能上能下的科学用人机制。一是建立“能上能下”的用人机制，破除过分看重资历、学历、职称的传统用人观念，摒弃限制人才能力发挥的条条框框，为人才营造权利平等、条件平等、机会平等的公平竞争环境，让有为者有位，无为者让位，避免优秀人才被埋没，杜绝庸才长期占位，让有能力的人才能尽情发挥潜力，做到人尽其用、人尽其能，充分调动人才的积极性。二是建立以能力和业绩为导向的用人机制。突出工作能力和工作绩效两个重点，努力做到唯才是用。选拔人才时重点考察人才的综合能力和专业水平，日常工作则重点考察人才取得的经济和社会效益。同时，将人才的收益与其能力和现实工作表现直接挂钩，根据其能力和对公司的贡献进行收益分配，确立人力资本的价值导向，激发人才的创造性。

十、内外结合增加智能产业人才供给

专业人才供给不足是当前制约智能产业发展的重要问题，智能产业企业应将人才引进和人才培养放在重要位置，在识人、选人、用人、育人等环节加大资源投入力度，通过内、外结合增加人才供给。一是企业既要着眼当前和未来的人力资源数量和素质特征，又要充分考虑人才在岗位聘任、职业发展、自我提升等方面的需求，构建系统化、科学化、进阶式的人才培训与开发体系，打造多层次、立体化的人才发展服务平台，实现行业、企业、人才的共同发展。二是针对智能产业人才专业性强、培养周期长的特点，创新人才培养模式。智能产业大型企业可以在政府的引导和支持下，以行业人才需求为出发点，主动与地方高校建立深度合作关系，帮助高校优化学科专业设置，深化人才培养模式改革，探索建立“政府引导、企业主导、高校参与”的定向人才培养模式，使“政府 + 产业 + 高校”的三方合作真正落地实施，让政府人才规划、行业人才需求与高校人才培养进行有机结合，加快形成产业应用型人才的联合培养体系，持续开展应用型人才的共育共培，为产业发展提供后备生力军。

第三节 高校视角的人力资源开发

一、科学制定相关专业人才培养方案

人才培养方案制定是育人工作的总体设计，具有引领作用，既是教育教学工作的起点也是终点。各高校在制定智能产业相关专业人才培养方案时，要紧跟国家政策导向和时代发展脉搏，立足于国家社会及教育发展需要、立足于智

能产业发展的背景和满足产业未来发展的需要、立足于人才未来的服务区域发展、立足于学校定位、立足于学生发展和家长校友的期望等，按照明确性、可理解性、现实性、可达成性、可测量性和公开性的原则，将 OBE、学生中心、三全育人等理念与人才培养目标、毕业要求和能力指标等进行有机融合，并基于“内外需求—培养目标—毕业要求—课程体系—课程教学”的逻辑进行反向设计和正向支撑，确保培养方案制定的前瞻性、科学性和适用性。人才培养方案制定后，还应结合智能产业发展动向和人才需求情况进行定期修正，坚持结果导向和持续改进，不断优化人才培养体系实施框架，明确智能产业应用型人才的内涵式培养路线，使之符合国家、地区、产业和学生的发展需要，并能全面整合现有及潜在资源，实现社会各界联合育人。

二、加强高校相关专业师资队伍建设

师资队伍是高校培养高素质智能人才的重要保证，高水平师资是培养高质量人才的前提。只有构建数量、结构和质量都相对均衡的师资队伍，才能推进各项人才培养工作的有序进行。在全球智能产业快速发展的新形势下，急需加强相关专业师资队伍建设，打造一批既能够进行理论教学，又有实际工作技能和经验的“双师型”教师队伍，弥补师资队伍的短板。一是加强师资的前沿理论和实践能力培养。完善专业教师假期实践和校外培训制度，激励教师走出课堂，支持教师到智能产业企业进行短期和挂职工作实践，提高教师的专业素养和实践教学能力；同时，鼓励教师学习跨专业课程，提升交叉学科素养；鼓励教师与企业联合申报产学研课题，广泛开展技术交流和横向课题研究，以应用研究促教师教学水平提升。二是采取“引进来”的办法，聘请企业中有丰富实际工作经验的一线人员担任兼职教师和引进部分具有较好理论基础和实操技能的高素质“双师型”教师，逐步充实专业师资队伍。同时，聘请智能产业优势企业的职业经理人、创业精英、工程师、高级技工等为客座教授和学生导师，通过“授课 + 实训 + 讲座”的方式走进课堂，定期给学生开展相关专业讲座，指导学生创新创业，建立灵活的教学机制，有效缩短课堂教学与实际工作的距离。

三、建立校政企行协同育人融合模式

深化产教融合是培养高素质应用型人才的有效途径，已在国家、高校和企业等各个层面达成共识。但受经验、机制、条件、专业、师资等限制，很多高校的产教融合仍处于较低层次，没有形成行业、企业、学校多方融合的深度协同育人。高校要创新协同育人模式，通过灵活的机制充分调动各方力量的积极性，让政府、企业、学校力量各司其职，形成产业人才培养的合力。一是向政府申请财政资金支持，加快智能产业相关学科高水平公共实验平台建设，为人才培养提供基础支撑。同时，申请政府协调相关资源推动办学机制创新，探索有助于支撑产业可持续发展的育人机制。二是把培养符合社会和企业发展的专业人才作为办学的指导思想，落实于人才培养的全过程，做到机制健全、措施到位，培养具有创新能力的高素质技术技能型人才。三是加强与企业、行业协会和专业机构在人才培养方案制定、师资队伍引进与双向培养、课程内容规划构建、课程教学实施运作、实训基地共建共享、高质量就业平台搭建、科学研究共担共享等方面的合作，畅通信息交流和资源整合，实现专业内涵发展，为学生实习实训和就业创业提供便利，提升学生的实践能力和就业竞争力。

四、构建适配产业的复合型课程体系

高等院校是培养高素质技术技能型智能人才的主要阵地，课程则是践行人才培养方案的直接载体。智能产业作为新兴的产业发展方向，对人才的综合素质和能力要求较高，所需的人才也涉及多个专业和学科，造成了对智能产业人才培养的实践型、复合型要求。因此，高等院校在进行专业人才培养的时候，要从多个维度完善课程体系设置，构建适配产业发展的复合型课程体系。复合型课程体系要立足“通用+专业+行业”，从通识课、专业基础课、专业核心课、专业综合课四个模块进行完善。首先，让学生掌握英语、计算机、应用写作、法律基础、创新创业等提升基本素质的公共课程和应用数学、人工智能概论等专业基础课程，突出人才培养的针对性和应用性。其次，将专业核心课程与工作岗位接轨，训练学生从事智能产业相关工作岗位所需的核心技能。同时，把课程学习与职业资格培训相结合，使学生在学习专业课程的同时就可以通过相应的职业资格认证。最后，基于智能产业应用性强、学科交叉、学术与产业交叉的特点，在专业综合课程开发交叉学科课程模块，注重与理学、经济学、管理学、教育学、哲学、法学、农学等的融合。通过全新的课程体系，培养既具有较深专业知识又具有较强综合能力的复合型专业人才，适应产业发展的需要。

五、完善重能力培养的实践教学体系

智能产业相关专业都是典型工科专业，应用性强，结合其学科特点和培养的高素质应用综合型人才的目标，需要全面完善“以综合应用能力培养为目标”的实践教学体系，以增强学生的专业能力和综合素质。一是基于“岗位胜任力”的要求，调整实验课程内容和形式，加大设计性、综合性实验比例，并积极推广体验式、自主式、合作式和讨论式教学形式，让学生全程参与教学过程，变被动为主动，提升学生的参与感与获得感。二是依托专业引进产业，引入学校所在地行业资源共建实习实训基地，通过企业投资硬件设备，学校投入技术和人才的方式开展合作，为专业学生提供“准职业人”的教学、实训、考核场景，从根本上解决实习岗位数量不足的问题，进一步探索“工学结合”的教育模式，提升人才的培养效果。三是结合第二课堂延伸课外实践教学，鼓励学生参加学科技能竞赛、人文素质讲座、社团及志愿服务活动、经典阅读等实践活动，支持学生利用课余时间到企业实习，通过实践了解社会、检验所学专业知识，提升学生的综合能力和人文素养。

六、以思政教育为人才培养注入灵魂

高校思政教育涉及培养什么样的人、如何培养人这个根本问题，需将思政教育与知识教育、能力培养、价值塑造进行全方位融合，贯穿于智能人才培养全过程，为人才培养注入灵魂。一是将思政教育融入通识课程和专业课程进行系统实施。通识课程注重思想引领，以科学家的人文精神和家国情怀帮助学生根植理想信念，专业课程注重培养学生的科研精神、全球视野和专业素养，实现与通识课程的价值观叠加，最终达到价值观的同向聚合，实现显性与隐性教育的有机融合。二是将思政教育融入课程教学实践，通过“点线面结合，全课程覆盖”方式，综合运用多种教学方法，将思政教育内容融入各种讨论、实验和游戏中，增强学习的参与性、探究性和趣味性，实现思政育人理念潜移默化地融入知识传播过程，培养学生学习主动性，使思政教育更接地气、更具活力。三是将思政教育融入校园文化生活。以人工智能学科竞赛、创新创业大赛、主题沙龙、读诵经典等活动为载体，促进思政、科学、人文等要素间的相互渗透，充分发挥校园文化“润物细无声”式的影响，不断增强学生的文化自信，逐渐养成科学精神和理想信念，形成“人人参与、创先争优”的校园文化和和谐育人氛围。

七、打造专业人才精准就业服务体系

就业是衡量高校人才培养质量的重要指标，面对经济转型带来的冲击，大学生就业形势已相当严峻。高校要建立起符合智能产业相关专业毕业生需求的精准就业服务体系，保障人才快速、准确融入智能产业，推动高质量人才培养体系闭环。一是提早做好大学生的职业规划，建立贯穿人才培养周期的就业指导服务体系，提高覆盖人才培养的全生命周期的职业规划、就业指导课程，让大学生清晰自己对职业的认知，明确自身发展定位和职业方向，提高毕业生就业的职业匹配度。二是进一步融入社会，精准对接就业市场。注重专业设置与社会需求的一致性，通过与企业对接各种实习、实训活动，提供各种渠道与机会让大学毕业生尽早了解各类就业单位，并引导企业适当提前人才选拔周期，完成与学生的相互匹配。三是精准匹配就业信息。实时掌握人才就业倾向和就业状况，通过各种渠道收集相匹配的企业招聘信息，并利用互联网、大数据等技术将信息快速、精准传递给毕业生，实现人才求职意愿与企业需求的科学对接。四是进一步加强就业、创业指导和政策培训，让毕业生能更好地了解、应用相关资源和政策，提升大学生的求职技能、对职业的认同和创业能力。

八、借力情怀教育引导择业观念转变

受传统思想影响，女学生对智能产业相关专业的认可度不高，第一志愿报考的人数偏少，在毕业时也大部分选择到其他行业从事工作，造成行业从业人员性别比例失调。当前，社会上理工科的杰出女性在增多，智能产业也给女性带来很多就业机会，高校在专业人才培养过程中，应以“情怀教育”为抓手，引导女学生转变择业观念。一是从提升女学生对专业的兴趣着手，通过多种措施点燃她们的专业情怀。在教育教学实践中，可利用专业认知教育、专家教授开展讲座、杰出校友沙龙分享、参与学术会议、到校外行业企业参观交流等多种方式增强学生对专业和行业的认知。二是引导女学生结合当前行业相关的热点话题，自发开展各种专题活动，培养她们的专业情怀，提升她们对专业和行业的认可度。三是通过职业生涯规划教育，引导女学生明确自己未来的职业定位，并根据定位合理规划大学四年的学习生活。四是对接行业的女企业家，通过她们的“现身说法”，引导女学生增强从业自信，提升自己的专业竞争力，毕业后积极投身智能产业，发挥女性独特的魅力。

九、基于学生中心实施教育教学改革

人才培养是高等教育的本质要求和根本使命，在高等教育大众化阶段，要把学生发展作为学校教学工作的根本出发点，实施“以学生为中心”的教育教学改革，突出学生在各个环节的主体地位，真正关心、尊重和服务学生，从根本上提升人才培养的水平，实现高等教育的“内涵式发展”。一是鼓励学生以变革推动者的身份参与教学改革，赋予学生一定的教学主导权，让学生通过自主选课、开发学习资料、制定学习计划等方式对学校课程设置及开发提出意见，真正成为学习的主人，对教学产生积极影响。二是进一步完善学分制和弹性学习制度，提升学生的自主学习能力。结合学分制构建合理的课程体系，推进课程模块化建设与管理，丰富优质课程资源，为学生选择学分创造条件，实现学生的自主选择和个性化培养。三是借助现代信息技术革新课堂教学形式，依托智能教学平台，整合线上线下资源，通过翻转课堂、微课程等实施混合式教学，为学生的自主学习打开视野。四是让学生参与教育教学监督。赋予学生在学校管理、教学、服务等方面的监督权，分别建立学生对教师和对学校的评价体系，优化学生的在校体验。

十、持续优化本科教学质量保障体系

本科教育是大学教育之本，对产业人才的培养意义重大。教学质量是学校的生命线，高校要把持续优化本科教学质量保障体系作为提升人才培养水平、服务产业发展的重要工作。一是加强全过程控制，让教学质量保障体系覆盖事前、事中、事后三个阶段的控制，加强师德师风、班风学风、教学文件制定等事前控制，听评课、师生沟通等事中控制和信息反馈、处罚奖励、提升改进等事后控制，实现对教学各个环节的逐一考量，形成教学质量保障体系闭环，提高控制的效率和效果。二是完善高校教学质量评价体系，明确各阶段的教学评价指标和质量标准，建立以本科教学质量报告、学院本科教学评价、专业评价、课程评价、教师评价、学生评价为主体的全链条、多维度高校教学质量评价体系，广泛开展高等院校教学水平评估，坚持以评促建、以评促改和以评促管，不断优化教学质量保障体系，推进本科教学工作审核评估和合格评估，确保教育教学质量不断提高。三是完善各类教学资源，通过稳固教师和教学管理人员队伍、更新教学设施、优化教学环境和后勤保障、强化教学经费投入等方式持续优化人、财、物等资源的配置，保障教学过程的实现。

参考文献

[1] Agus U, Yosephine A Y. Human Resource Development Strategy Model: A Case Study on Small and Medium Laweyan Batik Industry in Surakarta [J]. Journal of Economics, Business & Accountancy, 2018, 21 (2): 151-158.

[2] Ahmeti F. Human Resources Development and Challenges Faced During Transition in Developing Economies [J]. Social Science Electronic Publishing, 2015, 3 (4): 1-17.

[3] Anca Serban, Marcela Andanut. Talent Competitiveness and Competitiveness through Talent [J]. Procedia Economics and Finance, 2014 (16): 506-511.

[4] Ardichvili A, Gasparishvili A. Human Resource Development in an Industry in Transition: The Case of the Russian Banking Sector [J]. Human Resource Development International, 2001, 4 (1): 47-63.

[5] Aryanto R, Fontana A, Afiff A Z. Strategic Human Resource Management, Innovation Capability and Performance: An Empirical Study in Indonesia Software Industry [J]. Procedia - Social and Behavioral Sciences, 2015 (211): 874-879.

[6] Bloom D E, Canning D, Malaney P N. Population Dynamics and Economic Growth in Asia [J]. Population & Development Review, 2000, 26 (1): 257-290.

[7] Denison E F. United States Economic Growth [J]. The Journal of Business, 1962, 35 (2): 109-121.

[8] Elena P. The Impact of Human Capital on Economic Growth [J]. Procedia Economics and Finance, 2015 (22): 184-190.

[9] Fleisher B, Haizheng Li, Minqiang Zhao. Human Capital, Economic Growth, and Regional Inequality in China [J]. Journal of Development Economics, 2010, 92 (2): 215-231.

[10] Gereffi. International Trade and Industrial Upgrading in the Apparel Commodity Chain [J]. Journal of International Economics, 1999 (48): 37-70.

[11] Hausmann R, Jason H, Dani R. What You Export Matters [J]. Journal of Economic Growth, 2007, 12 (1): 1-25.

[12] Harbison F, Myers C A. Education, Manpower and Economic Growth: Strategies of Human Resource Development [M]. New York: McGraw-Hill, 1964.

[13] Harris C M, Wright P M, Mcmahan G C. The Emergence of Human Capital: Roles of Social Capital and Coordination that Drive Unit Performance [J]. Human Resource Management Journal, 2019, 29 (2): 162-180.

[14] Jain S, Mittal A, Sonwalkar J. Human Resource Development Strategies in Indian Telecommunication Industry with Special Reference to Bharti Airtel Limited-An Empirical Study [J]. LBS Journal of Management & Research, 2018, 16 (1): 28-34.

[15] Jan C, Ludmila P, Dagmar B. Human Capital, Economic Structure and Growth [J]. Procedia Economics and Finance, 2014 (12): 85-92.

[16] Jerry W. Gilley. Principles of Human Resources Development [M]. Wokingham: Addison-Wesley in Association with University Associates, 1989.

[17] Krueger A B, Mikael L. Education for Growth: Why and for Whom? [J]. Journal of Economic Literature, 2001, 39 (4): 1101-1136.

[18] Kuchinke P K. Comparing National Systems of Human Resource Develop-

ment: Role and Function of Post - baccalaureate HRD Courses of Study in the UK and US [J]. Human Resource Development International, 2003, 6 (3): 285 - 299.

[19] Kurgman P. Increasing Returns and Economic Geography [J]. Journal of Political Economy, 1991, 9 (3): 483 - 495.

[20] Nadler L, Wiggs G D. Managing Human Resource Development [M]. San Francisco: Jossey - Bass Publishers, 1986.

[21] Lanvin B, Monteiro F. The Global Talent Competitiveness Index 2020: Global Talent in the Age of Artificial Intelligence [M]. France: INSEAD, 2020.

[22] Lucas J, Robert E. On the Mechanics of Economic Development [J]. Journal of Monetary Economics, 1988, 22 (1): 3 - 42.

[23] McLagan P. A. Competeney Model [J]. Training & Development Journal, 1980, 34 (12): 22 - 26.

[24] Nadler L. Developing Human Resources [M]. New York: Gulf Publishing, 1970.

[25] Ogundari K, Awokuse T. Human Capital Contribution to Economic Growth in Sub - Saharan Africa: Does Health Status Matter More than Education? [J]. Economic Analysis and Policy, 2018 (58): 131 - 140.

[26] Poon T, SHUK - CHING. Beyond the Global Production Networks: A Case of Further Upgrading of Taiwan's Information Technology Industry [J]. International Journal of Technology and Globalisation, 2004, 1 (1): 130 - 144.

[27] Quintanilla J, MaJesus B, Susaeta L, et al. Malleability in Spain: The Influence of US Human Resource Development Models [J]. The Cultural Context of Human Resource Development, 2009 (2): 108 - 123.

[28] Rasa A, Viktorija S, Simona S. The Role of Human Capital for National Innovation Capability in Eu Countries [J]. Economics and Culture, 2016, 13 (1): 114 - 125.

[29] Reed S M, HRCI. Human Resource Development [M]. New Jevsey:

John Wiley & Sons, Inc, 2017.

[30] Riley R, Bondibene C R. Raising the Standard: Minimum Wages and Firm Productivity [J] . Labour Economics, 2017 (44): 27 –50.

[31] Barro R T, Sala – I – Martin X. Regional Growth and Migration: A Japan – U. S. Comparison [J] . NBER working paper, 1992, 6 (4): 1 –57.

[32] Romer, Paul M. Increasing Returns and Long – Run Growth [J] . Journal of Political Economy, 1986, 94 (5): 1002 –1037.

[33] Schultz T W. Investment in Human Capital [J] . The American Economic Review, 1961 (51): 1 –17.

[34] Scullion H, Caligiuri P, Collings D. Global Talent Management [J] . Journal of World Business, 2008, 43 (1): 128 –129.

[35] Vandenbussche J, Aghion P, Meghir C. Growth, Distance to Frontier and Composition of Human Capital [J] . Journal of Economic Growth, 2006, 11 (2): 97 –127.

[36] Wilson J P. International Human Resource Development: Learning; Education and Training for Individuals and Organisations [J] . Human Resource Development Quarterly, 2013, 24 (4): 561 –566.

[37] 安超，雷明．二氧化碳排放、人力资本和内生经济增长研究 [J] . 中国管理科学，2019，27 (5): 149 –160.

[38] 阿尔弗雷德·马歇尔．经济学原理 [M] . 北京：商务印书馆，2019.

[39] 边继云，逯飞．构建激发创新创业创造的高质量人才生态 [N] . 中国社会科学报，2020 –07 –15 (006) .

[40] 毕文芹．西藏文化产业人力资源开发研究 [D] . 西安：西安建筑科技大学，2015.

[41] 陈朝阳，韩子璇，李小刚．人力资本集聚及空间溢出对产业结构升级的影响研究——基于空间杜宾模型的实证分析 [J] . 管理现代化，2019，39 (3): 44 –48.

［42］崔佳，刘政宁．大数据智能化让重庆更“智慧”［N］．人民日报，2018－08－23（016）．

［43］程可胜．人力资源开发出新德国［J］．商业时代，2002（Z1）：43－44.

［44］程名君．重庆自由贸易试验区人才竞争力研究［D］．重庆：重庆大学，2018.

［45］陈明星，张舰．河南人力资源开发战略研究［M］．北京：经济管理出版社，2015.

［46］陈美炎，林伟明，戴永务．基于熵权法的中国木材加工业国际竞争力比较研究［J］．中国林业经济，2018（3）：30－33，38.

［47］陈恩，李卫卫．人力资本积累与产业结构升级的双向关系研究［J］．西北人口，2017，38（2）：18－23，30.

［48］陈妮．产业转型升级与人力资源开发——深圳市宝安区的案例研究［D］．厦门：厦门大学，2014.

［49］重庆社会科学院，重庆市人民政府发展研究中心．重庆蓝皮书·2019年中国重庆发展报告［M］．重庆：重庆出版社，2019.

［50］重庆市统计局，国家统计局重庆调查总队．重庆统计年鉴2019［M］．北京：中国统计出版社，2019.

［51］重庆市统计局．重庆市第四次全国经济普查公报［R］．重庆：重庆市统计局，2020.

［52］重庆市教育委员会．重庆市2019届普通高校毕业生就业情况报告［R］．重庆：重庆市教育委员会，2019.

［53］重庆邮电大学．2019重庆市大数据智能化人才蓝皮书［R］．重庆：重庆邮电大学，2019.

［54］陈远敦，陈全明．人力资源开发与管理［M］．北京：中国统计出版社，1995.

［55］杜伟，杨志江，夏国平．人力资本推动经济增长的作用机制研究［J］．中国软科学，2014（8）：173－183.

［56］房国忠．东北老工业基地人力资源开发研究［M］．北京：科学出版社，2010.

［57］房洁．基于山东省第二产业发展的人力资源开发研究［D］．济南：齐鲁工业大学，2016.

［58］扶涛．人力资源开发与产业转型升级的交互影响机理与适配效应研究——基于中国 2010 – 2015 年数据［J］．湖北社会科学，2016（6）：62 – 70.

［59］扶涛．人力资源开发与产业转型升级的匹配效应研究：以广东省为例［J］．广东财经大学学报，2016，31（3）：72 – 81.

［60］冯小波．完善四川科技创新创业人才政策体系研究［J］．四川行政学院学报，2016（4）：31 – 33.

［61］官华平，谌新民．珠三角产业升级与人力资本相互影响机制分析：基于东莞的微观证据［J］．华南师范大学学报（社会科学版），2011（5）：95 – 102 + 160.

［62］高鸿业．西方经济学［M］．北京：中国人民大学出版社，2014.

［63］国家统计局．中国统计年鉴 2019［M］．中国统计出版社，2019.

［64］国家统计局人口和就业统计司．中国人口和就业统计年鉴 2019［M］．北京：中国统计出版社，2019.

［65］顾玲妹．转型升级背景下浙江服务外包产业人力资源开发研究［J］．科技管理研究，2013（10）：123 – 128.

［66］郭跃进，朱平利．我国区域科技人才竞争力评价研究［J］．科技进步与对策，2014（8）：130 – 134.

［67］甘宜涛，雷庆．印度工程教育专业认证特征及经验［J］．学位与研究生教育，2019（2）：56 – 61.

［68］胡海洋，姚晨．聚集经济、人力资本与经济增长——基于省级动态面板数据的系统 GMM 分析［J］．工业技术经济，2018，37（4）：106 – 113.

［69］黄健柏，谢良，钟美瑞．我国创新型人力资本与经济增长关系的实证研究［J］．科技进步与对策，2009（1）：1 – 4.

［70］黄建元．完善江苏高等教育投入保障机制［J］．唯实，2017（4）：77－78.

［71］黄雯．西部农村女性人力资源开发研究［M］．北京：经济科学出版社，2011.

［72］黄小惠．原理课教学设计探析——基于“以学生为中心”教学范式［J］．思想政治教育研究，2018，34（4）：78－82.

［73］霍一凡．经济技术开发区人力资源开发研究——以河北省A开发区为例［D］．石家庄：河北经贸大学，2019.

［74］胡永远．人力资本与经济增长：一个实证分析［J］．经济科学，2003（1）：54－60.

［75］侯玉珠．云南省产业结构转型升级中人力资源开发问题研究［D］．昆明：云南师范大学，2017.

［76］蒋华林．推动成渝地区双城经济圈高等教育一体化发展的思考［J］．重庆高教研究，2020（4）：58－70.

［77］季靖，李玉珠．德国“双元制大学”应用型人才培养模式特点及启示［J］．职教论坛，2017（22）：75－80.

［78］加里·贝克尔．人力资本［M］．北京：机械工业出版社，2016.

［79］贾明媚，张兰霞，付竞瑶等．基于竞优评析的高层次科技人才评价［J］．科技进步与对策，2017，34（16）：120－125.

［80］靳希斌．人力资本学说与教育经济学新进展［M］．北京：教育科学出版社，2010.

［81］姜友文，卢丽娟．贵州乌蒙山少数民族地区精准脱贫进程中人力资源开发研究［J］．贵州民族研究，2019，40（1）：144－147.

［82］教育部．2018年全国教育经费执行情况统计公告［R］．北京：教育部，2019.

［83］教育部．2019年全国教育事业发展统计公报［R］．北京：教育部，2019.

［84］科技部火炬高技术产业开发中心．2019中国火炬统计年鉴［M］．

北京：中国统计出版社，2019.

［85］孔维新．资源型城市转型期的人力资源开发战略［J］．领导科学，2015（5）：40－42.

［86］孙文凯，宋扬，王湘红．劳动经济学［M］．北京：清华大学出版社，2015.

［87］刘红，徐先航．中国服务贸易国际竞争力及影响因素研究［M］．北京：经济管理出版社，2019.

［88］逯进，苏妍．人力资本、经济增长与区域经济发展差异——基于半参数可加模型的实证研究［J］．人口学刊，2017，39（1）：89－101.

［89］刘娜．审核评估视角下应用型院校内部教学质量保障体系探析［J］．教育与职业，2019（8）：42－44.

［90］李秋秋，王志章．西部中心城市海外高层次人才引进问题研究：基于重庆的现状分析［J］．中国名城，2019（2）：39－49.

［91］吕嵘．人才共享经济，创造新效能［J］．互联网经济，2018（7）：84－89.

［92］罗瑞荣．中国产业升级中的人力资源开发研究——基于全球价值链分工视角［M］．北京：知识产权出版社，2012.

［93］刘素，郭小华，杨宇等．"人才抢夺战"下人才政策体系建设的实践与启示——以长沙市为例［J］．科技经济导刊，2019（28）：181，194－195.

［94］梁双陆，张利军．人力资本、技术创新与长期经济增长——基于我国西部地区的分析［J］．技术经济与管理研究，2016（11）：29－34.

［95］刘铁明．中国人力资源开发战略与政策［M］．湘潭：湘潭大学出版社，2017.

［96］吕薇，季波，张怡凡等．美国一流研究型高校人工智能人才培养的经验与启示——基于"以学生为中心"的视角［J］．大学教育科学，2019，6（6）：102－109，123.

［97］李娴．论能力本位视域下良性政治生态系统的建构［J］．四川行政

学院学报，2016（2）：36－39.

［98］林喜庆．区域人才竞争力研究综述［J］．电子科技大学学报（社会科学版），2009，11（5）：30－34.

［99］林喜庆，许放．基于AHP的城市科技人才竞争力评价研究——以中国4个直辖市2008年数据分析为例［J］．北京科技大学学报（社会科学版），2015，31（1）：109－118.

［100］李晓阳，吴彦艳，王雅林．基于比较优势和企业能力理论视角的产业升级路径选择研究——以我国汽车产业为例［J］．北京交通大学学报（社会科学版），2010（2）：23－27.

［101］李彦华，杨星宇，刘东霞．基于GBP－Bagging网络模型的产业人力资源需求预测——以山西省战略性新兴产业为例［J］．科技管理研究，2018，38（7）：178－185.

［102］刘雅宁，孙曼丽．诺丁汉大学“以学生为中心”的教学改革研究［J］．中国成人教育，2020（13）：70－74.

［103］刘泽双，肖瑶，高莹．基于Fuzzy－ANP方法的关天经济区人才竞争力评价模型研究［J］．科技进步与对策，2014（10）：111－117.

［104］刘佐菁，陈杰，苏榕．广东省科技人才竞争力评价与提升策略［J］．科技管理研究，2018，38（22）：134－141.

［105］马文才．河北省高层次创新型人才发展问题及对策建议［J］．经济论坛，2019（2）：126－130.

［106］马小强．新常态下人力资本与产业转型升级的契合性研究［J］．中国人力资源开发，2015（3）：70－76.

［107］南开大学经济研究所．中国新一代人工智能科技产业区域竞争力评价指数（2019）［R］．天津：南开大学经济研究所，2019.

［108］潘明明，龚新蜀，李光明．西部民族地区农村人力资源开发：成效、影响及对策——以新疆南疆三地州为例［J］．上海财经大学学报，2016（2）：44－54.

［109］潘伟志．中心城市产业转型初探［J］．兰州学刊，2004（5）：

99 – 100.

［110］彭正霞，陆根书．大学毕业生就业质量的性别差异：基于多群组结构方程模型的分析［J］．复旦教育论坛，2020，18（1）：59 – 67.

［111］清华大学—中国工程院知识智能联合研究中心．2019 人工智能发展报告［R］．北京：清华大学—中国工程院知识智能联合研究中心，2019.

［112］清华大学中国科技政策研究中心．中国人工智能发展报告 2018［R］．北京：清华大学中国科技政策研究中心，2018.

［113］宋成一，刘盈盈．国内人才共享研究述评［J］．西北民族大学学报（哲学社会科学版），2019（3）：136 – 144.

［114］司江伟，韩晓静，沈克正．山东省人才竞争力评价体系的构建与实例测算［J］．统计与决策，2017（2）：100 – 103.

［115］斯坦利·希利．美国人力资源管理做法的变革［J］．唯实，1996（3）：44 – 45.

［116］尚新丽．论人力资源开发与学校教育的关系［J］．安阳师范学院学报，2003（4）：30 – 31.

［117］宋晓梧．中国人力资源开发与就业［M］．北京：中国劳动出版社，1997.

［118］田洪川，石美遐．制造业产业升级对中国就业数量的影响研究［J］．经济评论，2013（5）：68 – 78.

［119］唐辉亮．人力资本结构、技术资本配置结构与产业转型升级能力研究［J］．统计与决策，2014（2）：106 – 108.

［120］同济大学德国研究中心．国蓝皮书：德国发展报告（2020）［M］．北京：社会科学文献出版社，2020.

［121］王国胤，刘群，夏英等．大数据与智能化领域新工科创新人才培养模式探索［J］．中国大学教学，2019（4）：28 – 33.

［122］王弘钰，刘宇清．论日本人力资源开发战略［J］．东北亚论坛，2002（3）：91 – 93.

［123］魏海燕.《世界竞争力年鉴》评价体系研究及其思考［J］．科技

管理研究，2013，33（5）：58－61.

［124］王剑，吕立志，宿杨．“一带一路”经济带流动人口人力资源管理战略选择研究——基于西安等十个节点城市的数据分析［J］．贵州社会科学，2018（7）：95－99.

［125］王建平．上海科技人才发展研究报告（2019）［M］．上海：上海交通大学出版社，2019.

［126］王金营．中国和印度人力资本投资在经济增长中作用的比较研究［J］．教育与经济，2001（2）：55－58.

［127］魏敏，李书昊．新时代中国经济高质量发展水平的测度研究［J］．数量经济技术经济研究，2018，35（11）：3－20.

［128］王胜今，王冠鸿．日本人力资源开发与经济增长研究［J］．东北亚论坛，2018，27（1）：35－48＋127.

［129］王胜涛．学校教育在人力资源开发中的作用研究［J］．中外企业家，2016（21）：249.

［130］王彤．中国区域经济高质量发展研究报告（2018）［M］．北京：经济管理出版社，2019.

［131］王迎冬，仇新明．苏北地区人才竞争力评价研究——基于淮安市所辖县区的调查［J］．淮阴工学院学报，2019，28（2）：78－84.

［132］西奥多·舒尔茨．对人进行投资［M］．北京：商务印书馆，2017.

［133］熊斌，葛玉辉．推动战略性新兴产业发展的科技人力资源开发研究［J］．中国人力资源开发，2010（8）：5－8.

［134］邢洁，刘芳．基于遗传神经网络的天津滨海新区人才竞争力评价［J］．科学管理研究，2012，30（3）：97－100.

［135］萧鸣政．人力资源开发的理论与方法［M］．北京：高等教育出版社，2012.

［136］萧鸣政，饶伟国．基于人力资本的人力资源开发战略思考［J］．中国人力资源开发，2006（8）：10－14.

［137］徐先航．宠物经济背景下兽医专业人才的培养［J］．中国兽医杂志，2019，55（11）：134－136.

［138］徐先航．中国葡萄酒产业国际竞争力评价研究——基于贸易绩效评价视角的分析［J］．价格理论与实践，2020（1）：171－174.

［139］薛震．青岛开发区人力资源开发与区域经济增长关系的实证研究［D］．青岛：中国石油大学，2013.

［140］袁丹丹，张鹏，王金珍．产教融合视角下应用型本科院校教学质量保障体系构建研究［J］．职业技术教育，2020，41（8）：59－62.

［141］亚当·斯密．国富论［M］．北京：商务印书馆，2019.

［142］杨河清．劳动经济学［M］．北京：中国人民大学出版社，2018.

［143］闫佳祺．共享经济背景下我国企业人才管理新模式研究［J］．当代经济管理，2018，40（2）：61－65.

［144］杨俊，张宗益，李晓羽．收入分配、人力资本与经济增长：来自中国的经验（1995－2003）［J］．经济科学，2005（5）：5－15.

［145］杨丽丽．乡村振兴战略与农村人力资源开发及其评价［J］．山东社会科学，2019（10）：147－152.

［146］姚丽霞，房国忠．东北地区人力资源开发战略研究［J］．东北师大学报（哲学社会科学版），2012（4）：55－58.

［147］俞平．一定要把大数据智能化喊响［N］．重庆日报，2018－04－13（003）.

［148］杨思帆，王致强．人力资本大国如何实现——印度技术技能型人才培养政策解析［J］．湖南师范大学教育科学学报，2018，17（6）：91－98.

［149］鄂万友．人力资源开发战略研究［M］．北京：经济日报出版社，1989.

［150］姚晓艳．新区建设和关中经济带产业转型与空间重组［D］．西安：西北大学，2004.

［151］余焯和．美日中人力资源开发战略研究［M］．北京：中国人事出版社，2012.

［152］于中江．学习而不是培训：构建企业的学习体系［J］．企业管理，2014（10）：42－43.

［153］中国软件行业协会．中国软件和信息服务业发展报告［R］．北京：中国软件行业协会，2019.

［154］周洪波，周平，黄贤立．OBE 理念下应用型本科人才培养方案的构建［J］．高教学刊，2018（10）：76－78.

［155］中华人民共和国生态环境部．2018 中国生态环境状况公报［R］．中华人民共和国生态环境部，2019.

［156］赵剑波，史丹，邓洲．高质量发展的内涵研究［J］．经济与管理研究，2019（11）：15－31.

［157］周洁，郭丕斌．基于熵权 TOPSIS 法的我国产煤大省区域创新能力评价［J］．中国矿业，2016，25（4）：40－45.

［158］赵军，贾晶晶．我国高等教育发展水平的空间分异及解析［J］．现代教育管理，2019（5）：64－70.

［159］朱明荣．产业变革下汽车人才生态环境建设的思考［J］．中国人事科学，2019（6）：64－70.

［160］赵曙明，王戈．新加坡企业人力资源管理与开发［J］．世界经济与政治，1996（4）：46－49.

［161］赵曙明，周姝．德国企业的人力资源管理与开发［J］．世界经济与政治，1996（2）：45－47.

［162］曾巧．关于推进重庆市海外高层次人才引进与服务工作的几点思考［J］．全国流通经济，2018（18）：51－52.

［163］张晓杰．产业转移浪潮中武汉市大学生人力资源开发策略研究［D］．武汉：华中师范大学，2012.

［164］张晓明．德国的就业指导［J］．欧洲，1994（2）：76－78.

［165］朱序生，刘宗昌，张思锋等．中国特殊国情的选择：简论人力资源开发战略［J］．中国人力资源开发，1992（1）：6－8.

［166］张雪莹．印度的企业文化与人力资源管理［J］．中国石化，2009

(4)：52－53.

［167］赵学瑶．印度高职教育治理及启示［J］．教育与职业，2017（1）：42－48.

［168］张熠，王先甲．基于 AHP－GRA 的湖北省科技创新人才开发评价研究［J］．数学的实践与认识，2016，46（5）：118－123.

［169］战炤磊．人力资源与产业结构耦合互动的绩效及影响因素研究［J］．吉林大学社会科学学报，2018，58（4）：87－96＋205.

［170］郑玉．人力资本集聚、空间溢出与产业结构转型升级——基于空间过滤模型的区域对比分析［J］．经济问题探索，2017（12）：157－164.

［171］朱之鑫，张燕生，马庆斌等．中国经济高质量发展研究［M］．北京：中国经济出版社，2019.

［172］赵紫燕，于飞．中国区域人才竞争力研究报告（2017）［J］．国家治理，2017（22）：3－25.